Bilderbücher in der Grundschule

Grundschule [illegible] ges Lernen
Herausgegebe[illegible]n Christine Kretschmer

Für Columba, Johan und Aaron

Inhalt

Farbabbildungen

1 Einleitung

In einer Erzählung des dänischen Dichters und Märchenerzählers Hans Christian Andersen kommt ein Bilderbuch vor, dessen Wert hoch veranschlagt wird – es hat ein halbes Königreich gekostet. In diesem Buch ist alles lebendig. Die Vögel singen und die Figuren treten aus dem Buch heraus und sprechen. Wenn aber die Prinzessin, für die diese Kostbarkeit erworben wurde, ein Blatt umwendet, springen alle wieder hinein, damit keine Unordnung entsteht.[1] Wie verwundert wäre Andersen wohl, würde er seiner Prinzessin heute in einer Computeranimation begegnen, wo sie selbst – wie die Gestalten ihres Buches – durch Anklicken „lebendig" werden könnte.

Walter Benjamin erinnert in *Aussicht ins Kinderbuch* an die hübsche Andersen-Episode, kehrt aber die Verhältnisse um: Nicht die Figuren und Dinge seien es, die aus den Seiten des Buches heraustreten, sondern das Kind selbst dringe in die Welt des Buches ein, es betrete sie wie eine Bühne, auf der es als Mitspieler aufgenommen wird.[2]

Bedeutung früher Schrifterfahrung

Ob Kinder auf diese Weise von der Welt des Buches aufgenommen werden, hängt wesentlich von frühen Erfahrungen ab. Wenn sie lesende Erwachsene erleben, werden sie es ihnen mit großer Wahrscheinlichkeit nachtun wollen. Sie sammeln Erfahrungen im Betrachten der Bilder in Zeitschriften und Büchern und werden neugierig auf die grafischen Zeichen, die sich beim Vorlesen in Sinn verwandeln. Ob Kinder auch dann zu Lesern werden, wenn sie in den ersten Lebensjahren den Umgang mit Büchern nicht erlebt haben, das entscheidet sich in der Schule. Damit Kinder bereitwillig die Mühe auf sich nehmen, die das Lesenlernen bedeutet, sollte der Lesestoff motivierend sein. Anreiz zum Lesen und zum Betrachten bieten z.B. Bilderbücher.

Bilder lesen

Vor dem Hintergrund einer sich wandelnden visuellen Kultur geht es aber nicht ausschließlich um das Lesen von Texten, sondern ebenso um das „Lesen" von Bildern. Die Anleitung zur Bildwahrnehmung und zum Bildverstehen ist ebenso wichtig wie diejenige zum verstehenden Lesen. Vermutlich ist die visuelle Kompetenz der Kinder gegenwärtig weiter entwickelt als vor wenigen Jahrzehnten; sie ist heute aber auch eine viel wichtigere Schlüsselkompetenz. Das Bilderbuch lädt zum Umgang mit Bild und Text ein. Es ist „ein komplexes Ganzes, eine Einheit, innerhalb derer Bilder und Texte ihre je spezifischen und doch verbindenden textlichen und nicht-textlichen Codes und Zeichen besitzen."[3] In der Grundschule sollten Kinder lernen Buchstaben und Bilder zu lesen. Das Bilderbuch bietet sich als Medium für solche Lernprozesse an. Es ist besonders geeignet, einen Beitrag zur „ästhetischen Alphabetisierung" zu leisten. Zudem sind Bilderbücher die ersten Bücher, zu denen Kinder eine Beziehung entwickeln. An ihnen lernen sie, sich auf die in Bild und Sprache symbolisch vermittelte Welt einzulassen. Sie üben sich darin, Geschichtenzusammenhänge zu erschließen.

Bilderbücher und ästhetische Alphabetisierung

Das vorliegende Buch richtet sich vor allem an Lehrerinnen und Lehrer der Grundschule. Es enthält im ersten Teil grundsätzliche Überlegungen und im zweiten Teil Praxisvorschläge. Die einleitenden Kapitel beleuchten aus unterschiedlichen Perspektiven die Bedeutung des Bilderbuches für die Grundschule. Zunächst geht es um „Weltvermittlung im Bilderbuch". Hier soll deutlich werden, weshalb das Bilderbuch geeignet ist Kindern Aspekte der Welt zu vermitteln. Unter der Überschrift *Das Bilderbuch in der Medienwelt des Kindes* finden sich Informationen zur Lese- und Mediensozialisation heute. Lesen, so soll deutlich werden, ist eine zentrale Schlüsselqualifikation zum Erwerb von Medienkompetenz – zugleich aber mehr als das. Lesen bedeutet, sich selbst im Spiegel der Texte zu begegnen und die eigene Weltsicht zu bereichern durch die Schilderung anderer Welten und Lebensweisen. Aspekte der Lesesozialisation bzw. der literarischen Sozialisation werden aus der Sicht der jeweiligen Forschungsrichtung dargestellt.

Bedeutung des Einzelbildes

Zudem wird dargelegt, worin die Anziehungskraft des Bildes im Bilderbuch für Kinder liegt und weshalb es sinnvoll ist, das Einzelbild an den Anfang der Medienerziehung zu stellen. So wird z.B. gezeigt, dass Bilderbücher filmische Erzählformen enthalten. Diese können auf den Umgang mit bewegten Bildern vorbereiten. Zwischen Computermedien und Bilderbuch sind die sogenannten *living books* angesiedet. Über sie informiert ein eigenes Kapitel. In einem weiteren Kapitel wird das *Bilderbuch als Medium ästhetischer Alphabetisierung* vorgestellt. Fragen der Text- und Bildqualität behandelt das Kapitel *Bilderbücher auswählen.* Den einführenden Teil schließt ein Beitrag von Inge Sauer ab. Sie charakterisiert die Illustrationsstile wichtiger Bilderbuchkünstler. Am Beispiel unterschiedlicher Illustrationen zu Collodis Klassiker *Pinocchio* zeigt sie historische und moderne Interpretationen und Qualitätsunterschiede auf. Im zweiten Teil des Buches finden sich, nach Themengruppen geordnet, ausgewählte Unterrichtsbeispiele. Jedes dieser Beispiele enthält interpretierende Aussagen zum Bilderbuch sowie methodische Vorschläge, zum Teil in Form von *Kopiervorlagen.* Die farbigen Abbildungen in der Mitte des Buches geben einen Eindruck von der Vielfalt und der künstlerischen Qualität der ausgewählten Bilderbücher. Von diesen Farbdrucken können Farbfolien hergestellt werden, die, projiziert, die gemeinsame Betrachtung ermöglichen. Abschließend folgen u.a. eine Übersicht zu den im Praxisteil vorgeschlagenen Methoden sowie Informationen zu Instituten und Arbeitsgemeinschaften und deren Publikationen.

2 Weltvermittlung im Bilderbuch

Bilder als Verstehenshilfe

Bevor die Lesefähigkeit allgemein entwickelt war, dienten Bilder in Büchern als Verstehenshilfe für ungeübte Leser. Nach der Erfindung des Buchdrucks war es möglich, Bücher in größeren Auflagen herzustellen. Gedruckt wurden vor allem ABC-Bücher zum Lesenlernen und Bücher mit religiösem Inhalt. Seit der Mitte des 17. Jahrhunderts wurde dieses Angebot ergänzt durch illustrierte Sachbücher. Das wichtigste, für zweihundert Jahre auflagenstärkste Buch für Kinder war der 1658 erschienene *Orbis sensualium pictus* (Die sichtbare Welt) des Johann Amos Comenius.

Der *Orbis sensualium pictus* sollte nichts Geringeres als „ein kurzer Begriff der ganzen Welt und der ganzen Sprache“ sein. Das Ganze, die Totalität, die Gott und Mensch, Natur und Kunst umfasst, sollte dem Kind vermittelt werden. Das Wissen wird geordnet dargestellt, jedes Einzelding eingebettet in einen Zusammenhang. Dahinter steht die pädagogische Maxime, Sinnzusammenhänge aufzuzeigen. „Jeder einzelne Sachverhalt muss dem Kinde gegenüber so zur Darstellung kommen, dass das Einzelne in seiner Beziehung zum Ganzen deutlich wird, dass mithin seine Lebensbedeutung einsehbar wird.“[4]

„*Orbis pictus*“: Begriff der ganzen Welt und der ganzen Sprache

(118)

LVII.

Convivium. Die Mahlzeit.

Cum apparatur *Convivium*,	Wann angestellt wird eine Mahlzeit/
Mensa sternitur	wird der Tisch (Tafel)
Tapetibus 1	gedeckt mit Teppichen 1
& *Mappâ*, 2	und dem Tischtuch 2
à *Triclinariis*,	von den Tafeldeckern/
qui prætereà apponunt	welche überdas auflegen
Discos (Orbes) 3	die Teller/ 3
Cochlearia, 4	Löffeln/ 4
Cultros, 5	Messer 5
cum *Fuscinulis*, 6	und Gabeln/ 6
Mappulas, 7	Tellertüchlein/ 7
Panem 8	Brod 8

cum

(119)

cum *Salino*. 9	und Salzfaß. 9
Fercula,	Die Speißen
inferuntur	werden aufgetragen
in *Patinis*; 10	in Schüsseln; 10
Artocreas, 19	die Pastete 19
in *Lance*.	auf der Platte.
Convivæ,	Die Gäste/
ab Hospite	von dem Wirt
introducti 11	hineingeführet/ 11
abluunt Manûs	nehmen Handwasser
è *Gutturnio* 12	aus dem Handfaß 12
vel *Aquali*, 14	oder der Gießkanne/ 14
super *Malluvium* 13	über dem Handbecken/ 13
aut *Pelvim*, 15	oder Gießbecken/ 15
terguntq;	und trucknen die Hände
Mantili; 16	mit der Handquele; 16
tum assident Mensæ	alsdann sitzen sie zum Tisch
per *Sedilia*. 17	auf die Stüle. 17
Structor 18	Der Vorschneider/ 18
deartuat dapes	zergliedet die Speißen/
& destribuit.	und leget sie vor.
Assaturis	Zwischen das Gebratens
interponuntur	werden gesetzet
Embammata	Dunken (Dütschen)
in *Scutellis*. 20	in Schüsselchen. 20
Pincerna 21	Der Schenke 21
infundit Temetum,	schenket das Getränke/
ex *Urceo* 25	aus dem Krug/ 25
vel *Cantharo* 26	der Kanne/ 26
vel *Lagenâ*, 27	oder Flasche/ 27
in *Pocula* 22	in die Becher 22
& *Vitrea*. 23	und Gläser 23
quæ exstant	welche stehen
in *Abaco* 24	auf der Credenz/ 24
& porrigit	und überreicht es
Convivatori, 28	dem Mahlhalter/ 28
qui Hospitibus propinat.	welcher den Gästen zutrinket.

H 4 Tractatio

Anschaulich wird der Sinnzusammenhang der vorgestellten Begriffe in einer bildlichen Darstellung. Comenius’ Absicht, Kindern die Welt als eine Ordnung vorzustellen, bleibt über die Generationen aktuell; es geht darum, „dem Kind die Welt in eine Form zu übersetzen, sie ihm vorzustellen in einer Vielfalt, die es seine eigenen Möglichkeiten entdecken lässt, und die ihm Mut und Neugier macht.“[5]

In Anlehnung an die „Gemalte Welt“ des Comenius nannte Alfred Clemens Baumgärtner den von ihm 1968 herausgegebenen Sammelband zum Thema Bilderbücher *Aspekte der gemalten Welt.*[6] Der Anspruch ist bescheidener geworden; einen Begriff der „ganzen Welt und der ganzen Sprache" wird heute wohl kein Buch mehr zu vermitteln versuchen, aber Aspekte dieser Welt können dem Kind durch Bilderbücher anschaulich werden. Wie diese Aspekte darzustellen sind, darauf versucht jeder Künstler eine eigene Antwort zu finden.

Kinder begreifen ihre Lebenswelt auf eigene Weise. Sie verstehen Bruchstücke und versuchen den Fragmenten einen Sinn zu geben, indem sie diese mit Produkten der eigenen Wahrnehmung und Fantasie verbinden. Jean Piaget hat seine Erkenntnisse über die kindliche Aneignung der Welt, über frühe Vorstellungen und Denkmuster, in seinem umfangreichen Werk dargelegt. In *Das Weltbild des Kindes* beschreibt er die frühen Vorstellungen über Naturphänomene.[7] Seine Erkenntnisse spiegelt ein besonderes (leider vergriffenes) Bilderbuch wider.[8] Es soll hier als exemplarisches Beispiel für die Weltvermittlung im Bilderbuch vorgestellt werden:

Der Maler Etienne Delessert wählt einen für die Kinderliteratur, besonders für das Bilderbuch typischen Kunstgriff: Er erfindet eine Figur, die die Welt wie mit den Augen eines kleinen Kindes betrachtet. Stellvertretend für das Kind sieht eine mutige und wissbegierige Maus Naturerscheinungen zum ersten Mal mit Staunen und Neugier. Die Maus stellt Fragen. Das Kind wird auf diese Weise mit den Naturerscheinungen selbst und mit Vorstellungen über dieselben vertraut gemacht. Es kann diese Vorstellungen mit den eigenen vergleichen. Es wird angeregt seine Einfälle und sein Wissen zu äußern und sich im Gespräch mit anderen auszutauschen. Fantasie, Imagination und Beobachtungsgabe sind Voraussetzungen für die Weltbegegnung der Kinder, für ihre Aneignung von Wissen. Gute Bilderbücher fördern dieses Zusammenspiel.

Fantasie, Imagination, Beobachtungsgabe

Hier staunen die Maus und der Gelehrte.

Delessert, Etienne: Dann fiel der Maus ein Stein auf den Kopf, …

Über Delessert sagt Piaget, er mache den Eindruck eines klugen und überaus begabten Mannes, der die wesentlichen Merkmale der kindlichen Seele zu bewahren wusste: Fantasie, Imagination und Beobachtungsgabe.[9] Delessert schuf ein Buch zu Ideen, die Kinder äußern, wenn sie systematisch befragt werden. Aus den Ideen der Kinder und den Entwürfen des Malers wurde ein Buch über die Erfahrungen einer Maus, die ihre Höhle verlässt und zum ersten Mal die Sonne, die Wolken, den Regen, den Schatten, den Mond und die Nacht sieht.

Das Bilderbuch, das auf diese Weise entstand, erlaubt Einsicht in die kindlichen Vorstellungen und wirft ein Licht auf die Bildrezeption der Kinder. Piagets Fazit: „Kinder werden durch Imaginäres oder Fantastisches nicht aus der Fassung gebracht, wenn die Elemente einer surrealistischen Szene deutlich, klar und durchsichtig gestaltet sind. Das deutet darauf hin, dass Kinder ein viel breiteres Spektrum künstlerischer Gestaltung und Thematik aufnehmen können, als das beschränkte und meist verniedlichende Angebot der meisten Kinderbuchautoren glauben machen möchte.“[10]

Kinder können ein breites Spektrum künstlerischer Gestaltung aufnehmen.

Bilderbuchkünstler wie Delessert vermitteln zwischen der kindlichen Fantasie und den Phänomenen der Welt. Bruno Bettelheim spricht von diesem Vermittlungsprozess in seinem Vorwort zu einem 1985 erschienenen Sammelband von Büchern des Bilderbuchkünstlers Leo Lionni. Wie Piaget spricht Bettelheim von der fragmentarischen, subjektiven und magischen Vorstellung des Kindes. Er legt dar, wie das Kind in seinem Aneignungsprozess Wahrgenommenes und Imaginiertes zu verbinden versucht, damit sich ein Sinn ergibt. Auf diese spezifische Art der Weltaneignung antworten Bilderbuchkünstler. Erzählend und zeigend vermitteln sie dem Kind einen Weltausschnitt, gestaltet mit künstlerischen Ausdrucksmitteln und angereichert mit der persönlichen Erfahrung des Erwachsenen, seinem Wissen und seiner reiferen und reicheren Fantasie.

In der Grundschule können Bilderbücher die Kinder bei ihrer Weltaneignung unterstützen. Das gilt für die Sachbilderbücher, die häufig bereits als Informationsquellen im Unterricht genutzt werden; es gilt aber auch und besonders für erzählende Bilderbücher, die dazu einladen, etwas über die Welt und über sich selbst zu erfahren. Generell animieren Bilderbücher dazu, Wörter und Bilder zu lesen und zu verstehen, um selbstständig einen Zugang zur Welt zu finden.

selbstständig einen Zugang zur Welt finden

3 Das Bilderbuch in der Medienwelt des Kindes

3.1 Lesen im Medienzeitalter

Vor noch nicht langer Zeit stand für unterschiedliche Forschungsrichtungen die Frage im Vordergrund, *was* Kinder und Jugendliche lesen sollten – heute geht es eher um die Frage, was getan werden kann, *damit* sie lesen. Mit der Ausbreitung der elektronischen Medien wuchs (und wächst) die Sorge um das veränderte Leseverhalten und die kulturellen Auswirkungen des Fernsehens bzw. des Computers.[11] Seit Bekanntgabe der Ergebnisse der PISA-Studie sorgen fehlende Lesemotivation und unzureichende Lesekompetenz der Schülerinnen und Schüler in deutschen Schulen für zusätzliche Besorgnis. Es ist nicht von der Hand zu weisen, dass gerade in der von neuen Technologien geprägten Welt Lesekompetenz eine wichtige Rolle spielt. „Eine Vielzahl von Informationen, die wir täglich aufnehmen, basiert auf Geschriebenem. Über die Schrift werden neben Informationen und Fakten aber auch Ideen, Wertvorstellungen und kulturelle Inhalte vermittelt."[12]

Sorge um das Leseverhalten: Ergebnisse der PISA-Studie

Letzteres gilt vor allem für literarisches Lesen. Literarische Texte enthalten Welterfahrung. In der Vergangenheit und in der Gegenwart haben Menschen ihre Erfahrungen in der Auseinandersetzung mit der Welt, auch der geistig-seelischen, zum Ausdruck gebracht. Im Spiegel der Texte können wir diesen Erfahrungen begegnen. Wir finden Schilderungen von Welten und Lebensweisen, die unsere Vorstellungskraft anregen und Distanz schaffen zu unseren eigenen Erfahrungsmustern. Mit literarischen Texten können wir lernen Möglichkeiten zu sehen, die unsere Vorstellungen von der „Wirklichkeit" verändern und bereichern. Die Bedeutung des Lesens ist auf mehreren Ebenen zu sehen:

Welterfahrung in literarischen Texten

- *kognitiv*, weil die Lektüre unser Wissen erweitert und die sprachliche Intelligenz fördert (etwa die Fähigkeit, sich an Gewusstes zu erinnern und Inhalte neu zu verknüpfen),
- *emotional*, weil das Lesen unser Empfinden anspricht und Erlebnisräume eröffnet,
- *sozial*, weil die Einfühlung in die Perspektive anderer und die probeweise Übernahme fremder Empfindungen und Gedanken Empathie schult und Verstehen ermöglicht.

Unterschiedliche Forschungsrichtungen beschäftigen sich mit der gegenwärtigen Bedeutung des Lesens: Im Umfeld der empirischen Sozial- und Kommunikationswissenschaft werden Aspekte der *Lesesozialisation* erörtert. Die zentrale Frage lautet hier: Wie werden im Zeitalter von Fernsehen und Computer dauerhafte Lesegewohnheiten ausgebildet? Eine umfassende Untersuchung zur Lesesozialisation liegt in zwei Bänden der Bertelsmann-Stiftung (1993) vor. Hurrelmann et al. kommen zu dem Ergebnis, dass Verbreitung und quantitative Dauer des Lesens in den letzten dreißig Jahren nicht gravierend abgenommen haben. Festgestellt wurde, dass Kinder aus Familien, in denen eine Vielzahl von Medien intensiv genutzt wird, etwa ebenso wahrscheinlich zu Leserinnen und Lesern werden wie Kinder aus ausgesprochen buchbezogenen Haushalten. In beiden genannten Familientypen haben die Kinder eine deutlich stärkere Tendenz zum Lesen als in Familien, in denen vorwiegend ferngesehen wird.[13] Die Ergebnisse der fernsehorientierten Medienwirkungsforschung bestätigen den Wert des Lesens. Auf eine kurze Formel gebracht wird festgestellt: Leser lernen mehr beim Fernsehen.[14] Während zur familiären Lesesozialisation gründliche Studien vorliegen, fehlen vergleichbare empirische Untersuchungen zur schulischen Lesesozialisation bislang.

Lesesozialisation

In enger Verbindung mit der Literaturwissenschaft werden Aspekte der *literarischen Sozialisation* erörtert. Die zentrale Fragestellung gilt hier der Entwicklung literarischen Verstehens bzw. literarischer Kompetenz. Im Hinblick auf die gegenwärtige Medienkultur ist nun interessant, dass literarische Kompetenz nicht ausschließlich buchspezifisch ist. Sie lässt sich auch auf bildbestimmte Rezeptionsformen (insbesondere Filme) beziehen.

literarische Sozialisation

Bei der Erforschung der literarischen Sozialisation geht man davon aus, dass Lesen eine aktive Form der Wirklichkeitsbegegnung ist. In der Lektüre wird die bloße Ansammlung von Buchstaben innerlich verlebendigt, die Textvorgaben werden aktiv zu inneren Szenarien umgestaltet. So gesehen ist Lesen „qualitativ selbst eine Art und Weise des Daseins, in der sämtliche denkbaren Erfahrungen gemacht werden können, es ist gleichsam eine zusätzliche Form des Zugangs zur Welt und des Aufenthaltes in der Welt."[15] Die mit der Entwicklung des literarischen Verstehens befasste Forschung macht darauf aufmerksam, dass der Erwerb der literarischen Kompetenz beginnt, lange bevor Kinder lesen lernen. Er beginnt mit den Geschichten, die ihnen erzählt oder vorgelesen werden, ebenso mit den Erzählungen, in denen Kinder selbst sich an etwas erinnern, es unabhängig von der Situation erzählen. Auf diese Weise machen sie Erfahrungen mit dem Narrativen. Das Narrative ist aber nicht ausschließlich an die Schrift gebunden. Es ist auch konstitutiv für den Film (im Kino, im Fernsehen, als Videokassette). Dies bedeutet nun, dass auch Kinder, die in schriftfernen Familien aufwachsen, denen nicht erzählt oder vorgelesen wird, durchaus über narrative Strukturen verfügen (mit Figurenkonstellationen, Handlungsmomenten, Bedeutungsmustern vertraut sind), eben durch die audiovisuellen Medien.[16] Für Leseanfänger gilt deshalb oft ein Missverhältnis

Lesen als aktive Form der Wirklichkeitsbegegnung

Missverhältnis zwischen Lesefertigkeit und Verstehensfähigkeit zwischen den „technischen“ Lesefertigkeiten und der schon vergleichsweise gut entwickelten literarischen Verstehensfähigkeit. Hier können Bilderbücher ein Angebot machen, weil sie mit Bild und Text erzählen. Nachdem es einen Satz vielleicht mühsam erlesenen hat, kann sich das Kind dem Betrachten des Bildes überlassen, das den Zusammenhang auf seine Weise erklärt.

Lesen als wichtigste Form des symbolisch vermittelten Weltzugangs

In der Vielfalt des gegenwärtigen Text- und Bildangebotes verdient das Lesen als Fähigkeit Beachtung, über Texte *und* Bilder Wirklichkeit zu erfahren. Die Lesekultur verändert sich mit den neuen Medien. Sie wird aber voraussichtlich die wichtigste Form des symbolisch vermittelten Weltzugangs bleiben. Das Lesen am Bildschirm wird allerdings dazu führen, dass der Lesebegriff sich nicht mehr ausschließlich auf die Buchkultur bezieht.

3.2 Bilder lesen – ein Plädoyer für das Einzelbild

Bilderbücher erzählen in Wort und Bild, darin sind sie dem Theater oder dem Film ähnlich. Gegenüber den komplexen bewegten Film- und Computerbildern mit ihren oft umstrittenen Themen beansprucht das Bilderbuch eine ästhetische und pädagogische Sonderrolle, weil es seine Aufgabe ist, Kindern einen Ausschnitt der Welt zu vermitteln. In seinem Aufsatz „Sehenlernen im Fluss der Bilder. Zur Wiederentdeckung des Einzelbildes“ weist Jens Thiele auf die Bedeutung des einzelnen Bildes hin. Er nimmt damit eine Position ein, die bewusst quer zu gegenwärtigen medienpädagogischen Positionen steht, die gerade Kompetenz im Verhalten zum bewegten Bild fördern wollen.[17]

Weltausschnitte in der Widerspiegelung künstlerischer Subjektivität

In der Fülle der Bilder, die Kindern täglich begegnen, kommt dem Bilderbuch-Bild eine besondere Rolle zu. Es macht einen Weltausschnitt in der Widerspiegelung künstlerischer Subjektivität sinnlich erfahrbar. Es vermittelt etwas über die Welt und ist geeignet innere Vorstellungsbilder zu aktivieren. Seine Anziehungskraft hängt zum Teil damit zusammen, dass es Kindern im Zusammenhang mit einer Erzählung begegnet, deren Räume und Figuren es anschaulich werden lässt. Es lädt zum Verweilen ein. Anders als bei den flüchtigen Bildern des Fernsehens kann das Kind die Dauer des Betrachtens selbst bestimmen. Es kann die Lektüre unterbrechen, zurückblättern und sich erneut vergewissern, es kann das Buch zuklappen und die Figuren auf diese Weise zum Verschwinden bringen. Das ist nicht zu unterschätzen. Für das Kind gehen gegebene Welt und imaginierte noch nahtlos ineinander über. Vor dem Daumenabschneider im *Struwwelpeter* kann es sich fürchten – es kann ihn durch das Zuklappen des Buches aber auch bannen.[18]

der wachsenden Bilderfülle mit wachsender Kompetenz begegnen

Dass es nötig ist, der wachsenden Bilderfülle mit wachsender Kompetenz zu begegnen, darüber besteht weitgehend Konsens. Die Schwierigkeit liegt in der *Vermittlung* eben dieser Kompetenz. Wir alle können Bilder sehen. Der hochkomplexe Vorgang läuft mühelos und automatisch ab. Dennoch fehlt uns eine *visuelle Intelligenz.* Um diese zu fördern muss eine Vorstellung davon entwickelt werden, wie Elemente von Bildern interagieren und Bedeutungen konstituieren. Bilder können gemalt, gezeichnet, fotografiert oder durch andere Verfahren hergestellt werden; sie sind farbig oder schwarzweiß, scharf oder verschwommen, coloriert, collagiert, in einen bestimmten Rahmen (Bildausschnitt) gesetzt usw. Diese gestalterischen Aspekte haben Auswirkungen auf die Bildaussage. Beim angeleiteten Bildbetrachten und beim Zeichnen und Malen können Grundschulkinder über den Zusammenhang von Bildmittel und Bildaussage schon Einiges lernen:

der Bildraum

Der Bildraum: Kinder können die Erfahrung machen, dass der Raum des Bildes generell doppeldeutig ist. Er ist zugleich eine Fläche mit nachmessbaren Maßen und ein imaginärer Raum, auf dem, wie auf der Bühne des Theaters, der Ort der Handlung vorgestellt wird. In ihren eigenen Bildern stellen Kinder meist zunächst ihre Figuren an einer Linie auf, der Raum bleibt zweidimensional. Im Vergleich mit Bilderbuchillustrationen und anderen Bildern können sie z.B. feststellen, wie unterschiedlich Räume dargestellt werden können. Der Bildraum wurde im Wandel der Zeit unterschiedlich gesehen. So fehlt den Darstellungen der romanischen Maler die räumliche Tiefe, während die „klassische Perspektive" der Renaissance die Illusion der Räumlichkeit vermittelt, indem die dargestellten Dinge nach der Tiefe hin verkürzt werden.

der Standpunkt des Betrachters

Der Standpunkt des Betrachters: Im Zusammenhang mit der Raumdarstellung ist die Frage nach dem Standpunkt des Betrachters relevant. Traditionell wird in Illustrationen für Kinder eine mittlere Distanz gewählt, damit möglichst viel zu sehen ist. Ein betont einfacher kulissenhafter Bildaufbau ist typisch für einen großen Teil der Bilderbuchproduktion. Im Gegensatz dazu lernen Kinder heute an den Bildern der Massenmedien ganz andere Darstellungen kennen: „Die abgebildeten Dinge werden, um sie attraktiv zu machen, um besondere Qualitäten an ihnen sichtbar zu machen, dicht vors Auge gerückt, so dicht, dass nur Ausschnitte ins Bildformat passen."[19]

Beispiele: mittlere Distanz bei Janosch (links), Ausschnitt bei Anthony Browne (rechts)

perspektivische Inszenierungen bei *Jörg Müller/Jörg Steiner: Aufstand der Tiere*

Perspektivische Inszenierungen im Bilderbuch greifen auf filmische Mittel zurück. Aus der Froschperspektive erscheint der Betrachter selbst winzig klein vor der Übermacht der Technik, während der Blick aus der Vogelperspektive Allmachtsgefühle vermittelt.

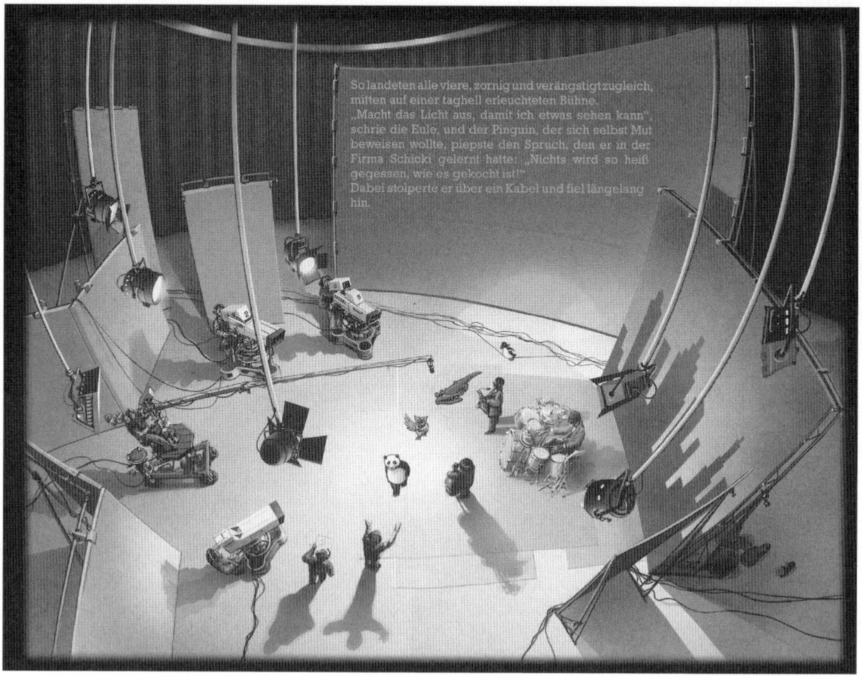

Generell sind Raumdarstellungen und Betrachterstandpunkt aber nicht unabhängig von der jeweiligen Zeit zu sehen. Die Ausdrucksformen entwikkeln sich in Korrespondenz zur Veränderung der Welt. Es ist ein Qualitätskriterium, in welcher Weise die im Bilderbuch gewählten Ausdrucksmittel dem Thema und der Zeit entsprechen. Dazu mehr im Kapitel 5.2.

die Linie

Die Linie: Die Linie verleiht Gewalt über die Dinge. Sie gibt demjenigen, der sie zieht, das Gefühl, etwas zu erschaffen. Linien brauchen nicht in ihrer Ganzheit gezogen werden, damit wir das Gefühl der Lückenlosigkeit haben. Entsprechend angeregt überbrückt unsere Wahrnehmung die Leere.

Sie rief ihre Untertanen.

die Farbe

Die Farbe: In unserer Alltagswahrnehmung bilden die Farben mit den Gegenständen eine Einheit. Unserem Gedächtnis sind deshalb Assoziationstypen eingeprägt: grün der Rasen, die Bäume; gelb die Sonne, das welke Laub; blau der Himmel, das Meer. Dieser Identifizierungsvorgang ist so stark in unser Bewusstsein eingegraben, dass wir empört oder verwundert sind, wenn ein Maler die Bäume rot malt und ein Gesicht grün. In der Malerei bieten sich die Farben aber nicht als Unterscheidungsmerkmale an, sondern als Bestandteile einer Ordnung, die ihr Eigenleben hat. Dort wirken die Farben auf den Raum und die Formen ein.

Das können auch Grundschulkinder begreifen. So lernen sie z.B., dass die Farben Gefühlseigenschaften charakterisieren: Sie wissen bereits (oder lernen in der Grundschule): Die Grundfarben sind Gelb, Blau, Rot. Aus ihrer Mischung ergeben sich: Violett (Rot und Blau), Grün (Blau und Gelb), Orange (Gelb und Rot). Die „warmen" Farben erstrecken sich von Gelb über Orange und Rot, die „kalten" Farben von Grün über Blau zu Violett. Diese „thermische" Wirkung der Farben ist im Allgemeinen von einer räumlichen Wirkung begleitet: Die „warmen" Töne rufen den Eindruck des „Vorrückens", die „kalten" Töne den des „Zurückweichens" hervor.

Wirkung der Farbe am Beispiel Grégoire Solotareff

Über die Wirkung der Farben geben Bilderbuchillustrationen Auskunft. Einiges kann Kindern z.B. deutlich werden, wenn sie Solotareffs Bilder zu *Du groß und ich klein* betrachten (vgl. Farbabbildung S. V). Solotareff verwendet die Grundfarben Blau, Rot und Gelb. Die erste Doppelseite des Bilderbuches zeigt den kleinen Elefant vor einem zweigeteilten Hintergrund. Die Erde, auf der er steht, hat einen freundlichen Gelbton, dieser nimmt etwa ein Drittel des Bildes ein. Darüber, zwei Drittel des Bildes einnehmend, ein blauschwarzer Himmel, der auf der kleinen Figur zu lasten scheint. Optimistisch stimmt aber das Rot der Hose des kleinen Elefanten. Wenn man die folgenden Seiten aufschlägt, breitet sich Zuversicht aus: Hier überwiegt ein warmes Rot. Während auf dem ersten der beiden Bilder eine abweisend wirkende blaue Tür den Elefanten noch vom Ziel seiner Wünsche trennt, ist im folgenden das ganze Schlafgemach des königlichen Löwen in einladendes Rot getaucht.

3.2.1 Filmische Erzählformen im Bilderbuch

mediale Einflüsse im Bilderbuch

Bilderbücher sind dem Film verwandt, weil sie wie dieser in einer Abfolge von Bildern erzählen. Außerdem lassen sich mediale Einflüsse in der Geschichte des Bilderbuches aufzeigen. Schon Heinrich Hoffmanns *Struwwelpeter* (1845) greift in seinem Text-Bild-Konzept die Entwicklung auf dem Weg zum Film auf. Er erzählt in dicht aufeinander folgenden Bildern und führt quasi Bewegungsabläufe vor. So liegen z.B. zwischen dem Schaukeln und dem Umkippen des Stuhls vom Zappelphilipp nur wenige Sekunden. Hoffmann inszeniert so den Augenblick des Schreckens.[20]

Besonders interessant ist in diesem Zusammenhang das Werk Lothar Meggendorfers (1847–1925). Er entwarf (zeitgleich mit Wilhelm Busch) Bildfolgen (*Münchener Bilderbogen*). Diese Bildergeschichten wurden zu Vorläufern der Comicstrips. Besonders reizvoll sind seine Zieh-, Klapp- und Spielbilderbücher. Deren Phasen- und Bewegungsbilder lassen sich zu den verschiedenen Entwicklungsstufen des Films, z.B. Lebensrad und Bioskop, in Beziehung setzen.[21] Diese u.a. vorkinematografischen Geräte machten durch das Verschmelzen rascher Bildfolgen den Eindruck der Bewegung möglich. Bewegliche Bilder gehörten zu den Attraktionen der damaligen Zeit.

Phasen- und Bewegungsbilder in einem Ziehbilderbuch von Lothar Meggendorfer

Bei den Ziehbilderbüchern verbirgt sich auf der Rückseite der Bilder ein Zieh- und Schiebemechanismus, bei dem winzige Drahtspiralen die beweglichen Bildteile verbinden. Wird der am unteren Bildrand sichtbare Streifen in Bewegung gesetzt, werden die Bilder sozusagen lebendig. Bei den Verwandlungsbilderbüchern sind die einzelnen Seiten so aufgeteilt, dass die dargestellten Figuren aus Kopf-, Rumpf- und Beinpartien bestehen. Jedes der drei Elemente kann geklappt werden, so dass ungezählte Verwandlungen möglich sind.

Während der überwiegende Teil zeitgenössischer Bilderbücher über seine kommerziell erfolgreichsten Vertreter (z.B. Janosch, Helme Heine, Erwin Moser) den Illustrationsstil des 19. Jahrhunderts reproduziert,[22] bestimmen bei vielen Künstlern filmische Sichtweisen den Illustrationsstil. „Mit der Mediatisierung des Alltags wurden Nahaufnahmen und Totaleinstellungen,

Unter- und Aufsichten, Sprünge zwischen den Bildern im Sinne einer dynamischen >Montage< selbst in tradtitionellen Bilderbüchern zum Handwerkszeug des Illustrators."[23] Vor allem in neueren Bilderbüchern sind filmische Erzählformen festzustellen, so etwa in Binette Schroeders Bildern zum Märchen *Der Froschkönig*:

filmische Erzählformen bei Binette Schroeder: Der Froschkönig.

„Wie in einer Wundertrommel, jenem vorkinematografischen Bildbewegungsapparat, läuft der kleine Film in vier Phasen vor unserem Auge ab, auch wenn die Bilder zum Stillstand gekommen sind: Der Fall der Kugel in den Brunnen, das Auf- und Abtauchen des Frosches und die Rückgewinnung der goldenen Kugel. Zwischen den Phasenbildern gibt es natürlich weitere Bilder, die der Betrachter in seiner Vorstellung ergänzt, so dass die Handlung filmisch fließen kann. Der Text drängt sich als massiver Block in das erste Filmbild hinein, drängt die Hauptfigur an den Bildrand. (…) Leser und Zuhörer sind >ganz im Bild<."[24]

Jörg Müller und Jörg Steiner entwickelten 1989 ein Bilderbuch wie einen Fernsehfilm. In *Aufstand der Tiere oder Die neuen Stadtmusikanten* führen sie eine kühle High-Tech-Welt vor Augen, in der die Helden als Produkte der Werbeindustrie auftreten. Das Bilderbuch greift auf die Form des Fernsehfilms zurück, um Werte, Inhalte und Ästhetik der Medienindustrie zu kritisieren. (Näheres zum *Aufstand der Tiere* sowie Unterrichtsvorschläge dazu im Kapitel 8.2.4)

Weil diese filmischen Erzählformen im Bilderbuch zu finden sind, kann der Umgang mit dem Bilderbuch auch Ausgangspunkt für eine Medienerziehung im Sinne der Arbeit mit bewegten Bildern sein.

3.2.2 Zwischen Buch- und Bildmedien: living books

Nachdem in den letzten Jahren zahlreiche Computer in die Kinderzimmer eingezogen sind, boomt der Markt für Software, die sich an Vor- und Grundschulkinder richtet. Das Angebot reicht von Computerspielen über Lexika bis zum didaktischen Lernspiel. Als „Kreuzung" zwischen (Bilder-)Buch und Computerspiel haben sich multimediale Verarbeitungen etabliert, die Stoffe und Themen der Kinderliteratur mit spielerischen Komponenten verbinden. Folgende Formen lassen sich unterscheiden:

– *Literaturbegleitende Angebote*: Sie setzen die Lektüre des Buches nicht voraus, sondern bieten Computerspiele, die zu den Geschichten passen (z.B. *Pettersson und Findus*, Terzio 1997, Buch: Sven Nordqvist; *Eine Woche voller Samstage*, Terzio 1998, Buch: Paul Maar).

– *Tonbilder auf CD-ROM*: Hier werden, wie in vielen Fernsehsendungen für Kinder, Bilderbücher präsentiert, indem zu den Bildern die Geschichte vorgelesen wird. Dabei können die Bilder auch teilweise animiert werden (z.B. Polarexpress, Navigo 1995).

living books als multimediale Inszenierungen

– *Living books*, die weit mehr Steuerungsmöglichkeiten erlauben als die elektronischen Tonbilder. Man kann sie als eine Fortentwicklung der Bilderbuch- und Comicliteratur mit den Mitteln der Digitalmedien bezeichnen. Hier können Bild und Text aktiviert werden. So fangen Figuren z.B. an zu sprechen, zu singen oder zu tanzen, wenn man sie anklickt. Nicht nur das Bild, auch der Text kann aktiviert bzw. hörbar gemacht werden.[25] Beim *living book* wird also das Verhältnis von Bild und Text, wie es im Bilderbuch zu finden ist, aufgehoben zugunsten einer Dynamik, die durch die Mitwirkung der Benutzerin/des Benutzers entsteht. So verwandeln sich auf der CD-ROM *Alphabet*, Tivola 2000, Buch: Květa Pacovská, die Buchstaben in Bilder und die Bilder in Zeichen. Die Buchstaben treten in immer neuen Varianten hervor und bieten Spielanlässe aller Art: Das große G „frisst" die kleinen und wird dabei immer größer, das ängstliche „I" flieht vor dem Spieler, wenn er schreit. Untermalt ist dies alles von Geräuschen und Musik. Die multimediale Präsentation führt zu neuen Erzählstrukturen und neuen Formen der Dramaturgie.

positive Bewertung der multimedialen Inszenierungen

Diese multimedialen Inszenierungen werden unterschiedlich bewertet. Positiv z.B. von Horst Heidtmann, der der Ansicht ist, durch Multimedia-Programme vermittelte Geschichten seien intensiver erlebbar als Bücher oder Filme. Zudem fördere die Möglichkeit der Interaktion die Kreativität der Kinder.[26] Ähnlich positiv stellt Hans-Jürgen Palme (für Computerspiele) fest: „Geschichten und Erzählstrukturen haben durch die virtuellen Welten einen neuen Nährboden gefunden. Das Erzählen von Inhalten entwickelt sich weiter."[27]

kritische Bewertung der multimedialen Inszenierungen

Bei Bernd Dolle-Weinkauff fällt die Einschätzung anders aus. Bei *living books* handle es sich, genau besehen, um Fixierungen bestimmter Gestalten und Gegenstände innerhalb eines Rahmens. Diese könnten in der Weise beeinflusst werden, dass sie entweder eine begrenzte Aktion (z.B. Musik, Erzählung, Spiel) oder den Übergang in einen anderen Rahmen (Raum) auslösen. Dieser Rahmen-Raum der Multimedia-CD sei dem Bühnenbild des Theaters näher verwandt als der Filmkulisse.[28] Dolle-Weinkauff kommt zu dem Schluss, dass die Transformation der Kinderbuchszenarien in aller Regel nicht zu einer Erweiterung im Sinne der Erschließung neuer Textschichten führt.[29] Dies hänge damit zusammen, dass stimmige, linear erzählte Geschichten unterbrochen und zerpflückt werden. Die Anreicherung durch Spieleinlagen könne zwar unterhaltsam sein, eine erzählerische Funktion komme ihnen aber höchst selten zu. Weil dem per Mausklick mitspielenden Kind letztlich nur vorprogrammierte Möglichkeiten bleiben, bezeichnet er die Formel vom „interaktiven Erzählen“ als eine Art Etikettenschwindel.

Ähnlich kritisch beurteilt Bernhard Rank das Gros der bisher vorliegenden Umsetzungen, zumindest im Hinblick auf vertieftes Verstehen des literarischen Textes. Er stellt fest: Die Einfügung von Spielelementen führt zur Veränderung des linearen Erzählens.[30] Am Beispiel der CD-ROM „Pippi“[31] zeigt er auf, wie hier die Orientierung an den Kapiteln aufgegeben wird zugunsten einer Aufgliederung in Szenen, die sich visualisieren lassen. So würden zwar die einzelnen Erzählbausteine deutlicher hervortreten, dies führe aber zu einer Atomisierung in kleine Erzählschritte, die dem Erzählduktus der Geschichte nicht gerecht werde.

Beispiel für eine gelungene Umsetzung

Als gelungen bezeichnet Rank die Umsetzung eines Bilderbuches der tschechischen Künstlerin Květa Pacovská, das *MitterNachtsSpiel*. Es eignet sich besonders, weil es keine lineare Struktur hat. Hier wird jedes Kapitel zu einer Bühne, deren Akteure und Szenarien sich erst durch den Forschergeist des mitgestaltenden Kindes erschließen. Ranks generelles Fazit ist, dass die Stärken des digitalen Mediums eher im Bereich der Sachtexte als im Bereich der fiktionalen Texte liegen.

Auch wenn man den kritischen Argumenten zustimmt, auch dem, dass *living books* ästhetisch und inhaltlich oft hinter das in Bilderbüchern bereits Erreichte zurückfallen: Sie werden als weitere Träger ästhetischer Erfahrung neben das Bilderbuch treten, genauer: zwischen das Bilderbuch und andere Medienprodukte. Ergänzend zu den Vorschlägen zum Umgang mit Bilderbüchern sind deshalb im zweiten Teil des Buches auch Vorschläge zum Umgang mit dem *living book* getreten (vgl. Květa Pacovská: *Alphabet.* Kapitel 8.1.2).

4 Das Bilderbuch als Medium ästhetischer Alphabetisierung

Die Vermittlung der Schriftsprache gehört zu den vorrangigen Aufgaben der Grundschule. Die Schriftsprache beherrschen bedeutet, private und öffentliche Erfahrung „buchstabieren" zu können. Das Buchstabieren der Erfahrung und die Lesbarkeit der Welt (Blumenberg) sind Metaphern für die Ausbildung von Sinnverstehen und für das Erschließen von Wirklichkeit.[32] So herausragend die Bedeutung des Schriftspracherwerbs für die individuelle und kulturelle Entwicklung auch ist: Es geht um mehr. Es geht generell um das Erlernen von Symbolsprachen. Zwischen Mensch und Wirklichkeit existiert eine symbolische Zwischenwelt, eine Welt selbstgeschaffener Zeichen und Bilder. Sie tritt dem, was wir Wirklichkeit nennen, gegenüber. Die Fähigkeit des Menschen, Symbolsysteme hervorzubringen, ist seine spezifische Art und Weise, sich mit seiner Umgebung auseinanderzusetzen und zugleich neue Dimensionen der Wirklichkeit zu entwerfen. Deshalb sollte das Lesen von Bildern ebenso vermittelt werden wie das Lesen der Buchstaben.

zwischen Mensch und Wirklichkeit: die Welt der Zeichen und Bilder

Bislang ist der Kunstunterricht das einzige Fach, das sich explizit mit der Wirkung und der Herstellung von Bildern befasst und zu einer Bildkompetenz qualifizieren kann. Aus einer Kunst und Sprache integrierenden Perspektive muss es darum gehen, den Textbegriff zu erweitern auf die ästhetisch verfasste Wirklichkeit, die „lesbar" zu machen ist. In diesem Sinne sind auch Bilder „Texte", die entziffert und verstehbar gemacht werden müssen. Die Notwendigkeit, auf breiterer Basis als bisher ästhetische Kompetenz zu vermitteln, wird auch von den Vertretern der Mediendidaktik gesehen. Das Programm einer „ästhetischen Alphabetisierung" ist allerdings noch zu formulieren. Sie könnte Baustein einer noch umfassenderen „Medienalphabetisierung" sein.

die ästhetisch verfasste Wirklichkeit „lesbar" machen

Das Bilderbuch bietet sich hier als Ausgangspunkt an. In ihm verschmelzen textliche und bildhafte Elemente auf vielfältige Weise: Erst in ihrem Zusammenspiel ergibt sich ein ästhetisches Ganzes. Deshalb reicht es nicht aus, Bilderbücher in den traditionellen Fächergrenzen zu reflektieren. Die Literaturdidaktik ist hier ebenso gefragt wie die Kunstdidaktik. In der Theorie des einen wie des anderen Lernbereiches geht man davon aus, dass der Leser/Betrachter das Werk in seiner Wahrnehmung sozusagen für sich erschafft. Ästhetisches Erleben wird als aktives Dazutun gesehen. Das subjektive

Ausdrucks-, Empfindungs- und Gestaltungsvermögen in seiner individuellen Verschiedenheit zu stärken ist eine wichtige Zielvorstellung der ästhetischen Erziehung. Ebenso wichtig ist die Bereitschaft und die Fähigkeit zur intersubjektiven Verständigung. Es geht darum, authentische Sehweisen wechselseitig zu erweitern und Bilder und Geschriebenes mit den Augen anderer zu betrachten. Für die Aufgabe, die der Grundschule dabei zukommt, hat Duncker den Begriff der „ästhetischen Alphabetisierung" geprägt. Als Teil der ästhetischen Erziehung fällt der ästhetischen Alphabetisierung die Aufgabe zu, in das Verständnis und den Gebrauch der Zeichen einzuführen. Das bedeutet:

Einführung in das Verständnis und den Gebrauch der Zeichen

- Buchstaben und Bildzeichen als Zugänge zur Welt vermitteln,
- Wahrnehmungsvorgänge verlangsamen und zur genauen Bildbetrachtung, zum genauen Lesen von Texten, anleiten,
- Wissen bereitstellen über Bilder und Texte,
- durch Verwendung von Schrift und Bild das subjektive Empfindungs- und Ausdrucksvermögen stärken,
- dazu anleiten, im Selbertun Erkenntnisse über Bilder und Texte zu gewinnen,
- dazu anleiten, Bilder und Texte mit den Augen anderer zu sehen.

Eine ganze Reihe von Erfahrungen können Kinder heute nicht mehr aus erster Hand machen, weil Eigentätigkeit und unmittelbare Erfahrung oft eingeschränkt sind. Auch deshalb gewinnt die Dimension des ästhetischen Verhaltens zur Welt zunehmend an Bedeutung. Gegenüber den sozialisationsbedingten Einschränkungen kann das ästhetische Tun eine kompensatorische Funktion erfüllen. Es kann zur Entwicklung des Empfindungs-, Ausdrucks- und Gestaltungsvermögens beitragen.

Kinder brauchen Anregungen

Kinder brauchen Anregungen zur Entwicklung dieser Fähigkeiten. So wie ihre sprachlichen Kompetenzen durch Hören, Lesen und Schreiben ausgebildet werden, werden visuelle Ausdrucksmöglichkeiten durch Betrachten, Malen, Zeichnen, Bauen, szenisches Spiel etc. entwickelt. Bilderbücher fordern die Sinne und das ästhetische Tun heraus. In der unterrichtlichen Praxis kann dies durch zielgerichtetes Arbeiten und gemeinsame Reflexion gefördert werden. Der Umgang mit Bilderbüchern kann so einen Beitrag leisten zur Ausbildung von Sinnverstehen und zum Erschließen von Wirklichkeit.

5 Bilderbücher auswählen

Bilderbücher sind zumeist doppelt adressiert.

Bilderbücher galten (und gelten z.T. auch heute noch) ausschließlich als Bücher für kleine Kinder. Neben den traditionellen Bilderbüchern für Vorschulkinder hat sich aber ein Genre entwickelt, das sich an unterschiedliche Altersstufen wendet. Bilderbücher von Anthony Browne, Wolf Erlbruch, Grégoire Solotareff u.A. richten sich an Kinder und Erwachsene – sie sind *doppelt adressiert.*

Häufig wird unterschieden zwischen Sachbilderbüchern und erzählenden Bilderbüchern. Die Unterscheidung bzw. Zuordnung von Sachtexten für den Wissenserwerb und Erzähltexten zur Unterhaltung erweist sich aber zumindest für die frühen Altersstufen als problematisch. Die Kinder- und Jugendliteratur nutzt die gemischte Lesemotivation von Sach- und Unterhaltungsinteresse in eigenen ausgeprägten Genres. Weil dies für viele der in diesem Buch vorgestellten Bilderbücher zutrifft (Beispiele: *Dann fiel der Maus ein Stein auf den Kopf …* von Etienne Delessert, *Der Buchstabenbaum* von Leo Lionni), wurde hier keine Unterteilung in Sachbilderbücher und erzählende Bilderbücher vorgenommen.

Sachbilderbücher haben in der Grundschule schon länger ihren Platz gefunden. Es liegt nahe, zu den im Unterricht behandelten Themen auf Bilderbücher zurückzugreifen. Da das gemischte Genre (bzw. das erzählende Bilderbuch) vorerst weniger im Unterricht anzutreffen ist, ist dieses hier vertreten.

Was die Kinder ihrer Klasse vom Thema her interessiert, wissen erfahrene Grundschullehrerinnen und -lehrer zumeist gut. Bei der Auswahl entsprechender Bilderbücher beraten Buchhändlerinnen und Buchhändler bzw. Bibliothekarinnen und Bibliothekare der Stadtbüchereien. Der Arbeitskreis für Jugendliteratur e.V., München, gibt eine Broschüre mit empfehlenswerten Bilderbüchern heraus. Die Auswahl ist thematisch geordnet und enthält Inhaltsangaben.[33]

pädagogische und ästhetische Kriterien

Schwieriger als die thematische Auswahl fällt oft die Beurteilung der Qualität. Generell gelten für die Auswahl von Bildern und Texten für die Schule sowohl *pädagogische* als auch *ästhetische* Kriterien. Gelegentlich findet man Kriterienkataloge. Sie sind zumeist unbefriedigend. Es gibt keine leicht zu handhabende Messlatte für Kunst und Literatur.[34] Gundel Mattenklott schlägt folgende pädagogische Fragen vor:

Fragen zur pädagogischen Qualität von Bilderbüchern

- Welche Auffassung vom Kind, von der Kindheit und vom Erwachsensein liegt dem Buch zugrunde?
- Welche Erziehungsziele visiert das Buch an – explizit oder implizit?
- Welche Gestalten des Buches sind pädagogische Instanzen – heimliche oder offen agierende Erzieher? Mit welchen Intentionen?
- Welches politisch-gesellschaftliche Weltbild wird dem Kind vermittelt?
- Könnte das Thema des Buches für kindliche Leser relevant sein? Nimmt es Bezug auf ihre eigenen Erfahrungen?
- Führt es sie in neue, als sinnvoll einzuschätzende Lebens- oder Wissensbereiche ein?
- Öffnet es der kindlichen Fantasie Welten, die den Horizont des Alltäglichen überschreiten, ohne ihn zu denunzieren?
- Fördert das Buch die soziale Fantasie?
- Motiviert das Buch zur Anerkennung von Fremdem in seiner Eigenart?
- Regt das Buch zum kritischen Denken an?
- Könnte das Buch die ästhetische Produktivität des Kindes anregen?

das Bilderbuch als komplexes Ganzes

Bei der Beurteilung der ästhetischen Qualität ist daran zu denken, dass das Bilderbuch ein komplexes Ganzes ist, eine Einheit, innerhalb derer Bilder und Texte ihre je spezifische Eigenart und Qualität besitzen sollten. Die beiden Aspekte – literarische und bildnerische Qualität – lassen sich prinzipiell zwar getrennt behandeln, sind im jeweiligen Fall aber aufeinander zu beziehen.

5.1 Zur literarischen Qualität im Bilderbuch

Komplexität der Außenwelt und literarisches Erzählen

Literarisches Erzählen ist bewusst inszeniert. Vom alltäglichen Erzählen unterscheidet es sich durch spezielle Formen und Mittel. Diese erzählerischen und sprachlichen Mittel sind nicht unabhängig von der jeweiligen Zeit, in der Erzählungen entstehen. So entspricht die Literatur der Tatsache, dass unsere gegenwärtigen Verhältnisse (persönliches und staatliches Leben, Wirtschaft, Ökologie) für Einzelne schwer überschaubar sind mit der Komplexität ihrer Strukturen. Statt eines linearen Handlungsablaufs finden wir in modernen Erzählungen Diskontinuität, statt der Weltsicht *einer* Figur perspektivische Brechungen, statt der Sicht des allwissenden Erzählers den innerem Monolog einer Figur etc. Für die Kinderliteratur wurde anstelle einer solchen Komplexität des Erzählens lange Zeit Einfachheit gefordert. Wenn aber die Außenwelt komplex und unüberschaubar ist, kann es nicht genügen, Kindern überschaubare Zusammenhänge einfach zu erzählen. Anderes erschien aber nicht möglich. Im Hinblick auf die kindlichen Leser wurde Einfachheit gefordert – so verstandene Einfachheit gilt heute als negatives Merkmal.

kinderliterarische Einfachheit

Dem Begriff der Einfachheit hat Maria Lypp eine andere Bedeutung gegeben. Sie wendet den Begriff ins Positive und rückt ihn in die Mitte ihrer Theorie. Lypp fordert eine kinderliterarische Einfachheit, die nicht Trivialisierung meint. Sie geht davon aus, dass die Kinderliteratur Mittel und Verfahren der Einfachheit hervorbringen muss, um die einschränkenden Bedingungen, die in der Verstehensfähigkeit der Kinder liegen, zu überwinden. Sie legt dar, wie die Kinderliteratur aus dem Dilemma kommt, komplexe Zusammenhänge, z.B. aus Wirtschaft und Politik, aber auch psychische Zusammenhänge, erzählerisch zu thematisieren ohne zu simplifizieren, aber auch ohne eine Realitätsnähe, die Kindern nicht angemessen ist. Kinderliteratur sollte sich am „Bedeutenden", „Wesentlichen" und „Notwendigen" orientieren. Sie sollte sich zudem nicht dem abbildenden Prinzip des Realismus verpflichten, sondern dem „verbildlichenden Prinzip" folgen.[35] Lypp nennt hier den Rückgriff auf Verfahren des nicht-realistischen Erzählens, der Verbildlichung (z.B. Allegorie, Fabel, Parabel), der Verwandlung (Fantastik), der Übersetzung des Gegenstandes auf eine analoge Ebene oder der Reduktion auf die Maßstäbe des Modells. Diese Verfahren versprechen eine zugleich gegenstands- und rezipientengerechte Vereinfachung.[36] Die Fragen, die an den Text zu stellen sind, können lauten:

literarische Qualität von Bilderbüchern

- Ist der Text trotz seiner gegenüber dem kindlichen Leser eingegangenen Verpflichtung zur Verständlichkeit bzw. Einfachheit um Komplexität bemüht, und zwar in der Sprache (Wortschatz, Syntax), in der Handlungsgestaltung und in der Figurendarstellung?
- Sind die Personen der Handlung eindimensional, eindeutig in Moral, Psychologie, Physiologie oder differenziert, vielschichtig?
- Sind die Bilder, Metaphern und Symbole des Textes in sich stimmig, entwickeln sie sich quasi „organisch", oder erscheinen sie willkürlich?
- Fügt sich aus Bildern und Metaphern, Handlungen und Figurenkonstellationen ein Netz von Bedeutungsverweisen, das anregt, ihm nachzuspüren?
- Wie geht der Autor mit der literarischen Tradition um, auf die er sich bezieht? Kopiert er die Vorlage, variiert er sie, spielt er mit ihren Bildern? Ist das Zitat des älteren Textes in neuen motiviert oder die eher willkürliche Übernahme eines älteren Einfalls?[37]

Gundel Mattenklott weist darauf hin, dass literarisches Werten vor allem differenzieren heißt. Aus der Beantwortung der Fragen ergibt sich ein Urteil nicht als arithmetisches Mittel. Stärken und Schwächen des jeweiligen Buches müssen abgewogen werden.

5.2 Zur Qualität der Bilder

Der weitaus größte Teil der gegenwärtigen Bilderbuchproduktion siedelt Themen, Motive und Handlungsorte in einer vermenschlichten Tierwelt an. Das kann (es muss nicht) bedeuten, dass die tatsächliche Lebenswelt der Kinder, ihre gesellschaftliche Realität, ausgespart bleibt. Die Kinder selbst sind oft als niedliche, typisierte Figuren dargestellt. Der Bildaufbau ist weitgehend bühnenhaft mit einer Anhäufung detailhafter, pittoresker Attribute. Typisch ist, dass die dargestellten Dinge in einer mittleren Distanz zum Betrachter gehalten werden. Mit der Trivialisierung der Bildsprache geht eine gesellschaftliche Trivialisierung der Themen und Motive einher.[38]

Oft bleibt die Lebenswelt ausgespart.

Zur Lebenswelt der Kinder heute gehört ein vielfältiges Bildangebot, vor allem das der Medien. Als typische Ausdrucksmittel zeitgenössischer Bilddarstellung können gelten: die Dynamisierung der Bildfläche mit ungewöhnlichen Raumausschnitten, spannende Kompositionen, extreme Blickwinkel, für die ungewöhnliche Perspektiven gewählt werden, Verfremdung von Figuren und Gegenständen, die Farbe als Ausdrucksmittel (nicht >realistische< Farbgebung). Die Komplexität der Strukturen, von der beim literarischen Erzählen die Rede war, gilt also auch für das Bild der Gegenwart. „Wirklichkeit ist heute auch in Bilderbüchern nicht mehr direkt und geschlossen abbildbar. Sie kann nur über ästhetische Formen vermittelt werden, die Widersprüche, Spannungen und Gegensätze aufzeigen."[39]

Schon früh sammeln Kinder heute Erfahrungen mit der Bildsprache der Medien. Komplexe Bildinszenierungen sind ihnen vertraut. Das Bildangebot, das ihnen im Bilderbuch gemacht wird, sollte diese Erfahrungen nicht außer Acht lassen. Die Trivialisierung des Formbestandes, die vielen Bilderbüchern vorzuwerfen ist, muss als eine unzutreffende Vorstellung von Kindgemäßem angesehen werden. Nähe und Ferne zum Bildangebot der Lebenswirklichkeit sind ein Gesichtspunkt für die Beurteilung von Bildern für Kinder. Der von Lypp gemachte Vorschlag zur Einfachheit als Kategorie der Kinderliteratur ist, so Thiele, für eine theoretische Bestimmung des Bilderbuchs bedenkenswert, wenn man ihn auf das Bild ausdehnt. Dann würde sich die Kategorie des Einfachen, die auch beim Bild oft als Synomym für Anspruchslosigkeit verwendet wird, als komplexe ästhetische Kategorie erweisen. „Die Trivialisierung des Bildes, wie sie gerade im Bilderbuch durch figurale Stereotypen, Flächigkeit, Buntfarbigkeit und additiven Bildaufbau betrieben wird, wäre demnach ein folgenreiches Missverständnis vom *Einfachen* als ästhetischer Kategorie für Kinder."[40] Wer die Kategorie der Einfachheit im Bilderbuch (im Hinblick auf Text und Bild) verfolgen möchte, kann die Bilderbücher Leo Lionnis als exemplarisch heranziehen. Lionni greift auf das literarische Verfahren der Fabel (bzw. der Parabel) zurück, um komplexen Inhalten die Transparenz symbolischer Bilder zu verleihen (vgl. Lionni: *Der Buchstabenbaum*, Kapitel 8.1.1). Reduktion auf das Wesentliche, Abstraktion und Stilisierung sind kennzeichnend für seine Illustrationen.

Lypps Kategorie des Einfachen als theoretische Bestimmung des Bildes im Bilderbuch

Beurteilung des Bildes im Bilderbuch

Fragen, die zur Beurteilung des Bildes im Bilderbuch zu stellen sind, lauten:
- Wie komplex ist die dargestellte Wirklichkeit? Ist die Vielschichtigkeit der (äußeren und inneren) Welt angemessen berücksichtigt?
- Wie steht es mit der Komplexität der sprachlichen und bildnerischen Formen?
- Ist die Bildgestaltung trotz der gegenüber dem Kind eingegangenen Verpflichtung zur Verständlichkeit bzw. Einfachheit um Komplexität bemüht?
- Nimmt sie die Bilderfahrung, die Kinder in unserer optischen Kultur machen, auf oder ist eine Abtrennung der Inhalte und Themen vom Lebensalltag der Kinder und von ihrer Bilderfahrung festzustellen (Trivialisierung der Bildsprache, tradierte Auffassung vom kindgerechten Bild: typisiert, verniedlicht)?
- Zur Bildregie: Wie stimmig ist der Bildrhythmus (Wechsel von doppelseitigen, ganzseitigen, halbseitigen … Illustrationen)?
- Zur Farbregie: Wird die Farbe als Bedeutungs- und Stimmungsträger genutzt?
- Zum Einsatz von Symbolen: Werden komplexe Sachverhalte durch den Einsatz symbolischer Bilder transparent? Sind die Bilder und Symbole stimmig?
- Zu Bildanspielungen: Wie geht der Illustrator mit der bildnerischen Tradition um, auf die er sich bezieht? Kopiert er die Vorlage oder variiert er sie? Spielt er mit den Bildern? Ist das Zitat der Vorlage im neuen Zusammenhang motiviert oder eher willkürliche Übernahme einer älteren Gestaltung?

Text und Bild

Für den Text-Bild-Zusammenhang können folgende Fragen gelten:
- Entspricht die Wahl der bildnerischen Mittel der Textaussage?
- Entspricht der Text der Bildaussage?
- Ist das Text-Bild-Verhältnis ausgewogen?
- Unterstützt das Bild das Textverständnis?
- Überschreitet das Bild den Text? Führt es über ihn hinaus?

Das Bilderbuch ist ein komplexes Ganzes, eine Einheit, innerhalb derer Texte und Bilder zusammenwirken. Im folgenden Kapitel berichtet darüber Inge Sauer, Illustratorin und Bilderbuchexpertin.

6 Inge Sauer über Bilderbücher und ihre Illustratoren

Bücher für kleine Kinder?

„Das sind doch nur Bücher für kleine Kinder!" Mit dieser Bemerkung versucht ein Junge, seine tief in die Betrachtung versunkenen Geschwister aus der Bilderbuchabteilung der Stadtbücherei zu holen. Gleichzeitig drückt ein anderes Kind seiner Mutter Bilderbücher, die es mitnehmen will, in die Hand. „Nein, die nehmen wir nicht mit, da ist ja nur ganz wenig Text drin. Das ist was für kleine Kinder!" Oft genug habe ich geschrieben, dass das Bilderbuch ein unterbewertetes Medium ist. Aber es hat mich doch erschreckt, wie deutlich das immer wieder zu spüren ist.

Obwohl seit der Mitte des vorigen Jahrhunderts triviale und zum Teil unprofessionelle Massenproduktionen den Markt bestimmen, haben zu allen Zeiten große Zeichner Bücher für Kinder gemacht. Das Bilderbuch war von Anfang an ein Medium, auf das in künstlerischer Hinsicht viel Sorgfalt verwendet wurde – nicht obwohl, sondern gerade *weil* es sich an Kinder richtet. Der 1658 in Nürnberg gedruckte *Orbis pictus* von Comenius, den auch der kleine Goethe gern betrachtete und den er noch als berühmter Mann hoch lobte, ist ein überzeugendes Beispiel.

Die frühen Bilderbücher dienten der Belehrung, erst im 19. Jahrhundert setzt sich die unterhaltsame Bildergeschichte durch. Die wendet sich zunächst durchaus nicht nur an Kinder – denken wir an Wilhelm Busch oder die Bilder von Ludwig Richter. Erst mit der Entdeckung der Kindheit durch die „Erfindung" der Pädagogik gegen Ende des 19. Jahrhunderts setzt sich das Bilderbuch für Kinder durch, gleichzeitig wird durch die Kunsterzieherbewegung ein hoher künstlerischer Standard gefordert. Im Laufe des 20. Jahrhunderts bekommt das Bilderbuch Konkurrenz aus Amerika. Mit den Disney-Studios beginnt in den dreißiger Jahren eine Form der Vermarktung, die sich an wesentlich größere Käuferschichten wendet als das teure und elitäre Bilderbuch. Die Vorbehalte gegen „triviale Illustrationsformen" (darunter verstand man vor allem Comics) haben sich bis heute erhalten. Gleichzeitig ist es immer schwieriger geworden, die oft sehr freien, auch nicht mehr so deutlich an Kinder adressierten Illustrationsformen einzuordnen und zu beurteilen.

Erst gegen Ende des 19. Jahrhunderts setzt sich das Bilderbuch für Kinder durch.

6.1 Wie entsteht ein gut illustriertes Bilderbuch?

Eine Geschichte mit einer stark verkürzten Dramaturgie zu erfinden mit Witz, Spannung und einer guten Schlusspointe, ist oft ebenso schwierig wie ein relativ komplexes literarisches Gebilde zu schaffen. Oft überzeugen die Illustratoren am meisten, die auch Autoren ihrer Werke sind, weil sie die Geschichte von den Bildern oder Figuren her entwickeln.

Zunächst muss der Zeichner der Hauptfigur der erzählten Geschichte ein Gesicht, einen Körper geben. Dann müssen der Ort, der Zeitpunkt der Handlung (Jahres- und Tageszeit), die anderen Figuren definiert werden. (Die Reihenfolge kann auch ganz anders sein: Es kann sein, dass eine bestimmte Atmosphäre, ein Ort oder eine Nebenfigur zuerst da sind.) Danach die formalen Fragen: Welche Form der Darstellung, welche Technik benutze ich, welches Format wähle ich, welche Bilddramaturgie, wie setze ich den Text typografisch ein, für welche Buchform entscheide ich mich? Ein Bilderbuch ist nicht nur eine Aneinanderreihung von Bildern, die Details aus Geschichten erzählen. Der Illustrator muss ein guter Regisseur sein, er muss seine Figuren geschickt durch Orte und Handlungen führen. Der Begriff „Storyboard" kommt aus dem Film. Die Storyboards von Filmregisseuren sehen nicht viel anders aus als die Planungszeichnungen von Bilderbuchillustratoren.

der Illustrator als Regisseur

Bilderbücher sind kleine Gesamtkunstwerke, die verschiedene Disziplinen verbinden. Ein Element, das häufig vernachlässigt wird, ist die Schrift. Heute kann jeder Laie auf dem Bildschirm unzählige mehr oder weniger gelungene Schriften abrufen und man meint, damit umgehen zu können. Aber die Typografie ist keine untergeordnete Kategorie der grafischen Disziplinen. Alle ernst zu nehmenden Illustratoren haben sich damit beschäftigt oder ziehen Fachleute zu Rate.

das Bilderbuch als Gesamtkunstwerk

Die klassische Form für Bilderbücher ist das Buch mit stabilem Kartonumschlag und Fadenheftung. Oberfläche und Qualität des Papiers und des Umschlags werden ebenfalls häufig zu wenig beachtet. Die meisten Bücher sind auf gestrichenem, glänzendem weißem Offset-Standardpapier gedruckt. Interessant ist die Frage, ob das Zusammenspiel von Illustration, Schrift und unbedruckt weiß verbliebenen Elementen gelungen ist.

Leitfragen für die Beurteilung

Das Beurteilen der Zeichnungen in Bilderbüchern ist nicht einfach. Leitfragen können sein: Beherrscht der Illustrator die Grundlagen der Zeichnung? Wie ist ein einzelnes Bild aufgebaut? Ist es in sich stimmig? Wie geht der Künstler mit Perspektive, mit Raum um? Hat das Bild Atmosphäre? Und auch: Hat das Buch innere Bilder wach gerufen, eine Saite zum Klingen gebracht? Oder schlägt man es zu und erinnert sich an nichts mehr?

Kinder sehen auf Bildern oft zuerst Details, die sie – aus welchen Gründen auch immer – interessieren. Sie suchen Figuren, die sie mögen, oder eine Stimmung, eine Atmosphäre, die sie fasziniert. Diesen sehr persönlichen Blick sollten wir nicht verloren haben, wenn wir Bilder beurteilen. Es gibt Bilder, die etwas in uns auslösen und andere, die uns kalt lassen, obwohl sie professionell gezeichnet sind. Bei der Vermittlung sollte man von dem ausgehen, was Kindern wichtig ist. Und wir müssen sie dazu ermuntern, ihre eigenen kleinen Geschichten zu schreiben und zu malen. Nur wer der Kraft der eigenen Ideen vertraut, kann selber kreativ werden.

Bei den bekannten Bilderbuchillustratoren, die Texte und Bilder selbst schaffen, wächst und verändert sich der Text häufig beim Illustrieren. Jörg Müller und Jörg Steiner entwickeln die Geschichten gemeinsam und verändern sie häufig während der Entstehung der Bilder. Ihre Bücher sind komplex und auf verschiedenen Ebenen lesbar. Sie sind so konzipiert, dass die vorlesenden Eltern und das die Bilder betrachtende Kind jeweils ihre eigenen Geschichten und Details wiederfinden. Das Buch *Der Aufstand der Tiere* macht die vorhin erwähnte Nähe zum Film besonders deutlich, es wurde von Jörg Müller als Buch und Film konzipiert mit Schwindel erregenden Perspektiven, atemberaubenden Kamerafahrten und aufregender Lichtregie, dazu kommt eine Mischung aus Realität und Traumwelt.

Nähe zum Film

Die Airbrush-Technik und die perfekten Perspektivzeichnungen, die den Blick durch die Kamera, sogar das Fish-Eye-Objektiv imitieren, unterstützen das Gefühl der Kälte und Künstlichkeit. Ich kenne keinen Illustrator außer Roberto Innocenti, der so sorgfältig recherchiert wie Jörg Müller. Jedes Detail muss stimmen.

aufwändige Recherche

Auch Jutta Bauers *Königin der Farben* war von vornherein als Film geplant. Bei ihr überzeugt die bravouröse Leichtigkeit der erfahrenen Zeichnerin. Den charakteristischen Strich, den wir von ihren Cartoons für Erwachsene kennen, behält sie unverändert bei. Mit großartiger Leichtigkeit kombiniert sie die sehr reduzierte schwarz-weiße Pinselzeichnung mit Farbstift, wobei sie mit den Buntstiften auch kindliches „Gekritzel" zitiert. „Für Kinder freundlicher“ war ihre Antwort auf die Frage, ob sie für Kinder anders zeichne als für Erwachsene.

Leichtigkeit der erfahrenen Zeichnerin

„Farbe“ ist das Thema von Leo Lionnis bereits 1959 entstandenem Klassiker *Das kleine Blau und das kleine Gelb.* Mit dem Buch *Seine eigene Farbe* (1975) nimmt er dieses Thema wieder auf. Chamäleons verändern ihre Farben – daraus ergibt sich eine einfache Geschichte für kleine Kinder. Ähnlich wie bei Jutta Bauer liegt die Qualität der Bilderbücher Lionnis in der Leichtigkeit und Reduzierung auf elementare Formen. Der Betrachter ist immer gleich weit von den Hauptdarstellern, den Chamäleons, entfernt. Dadurch rückt das Thema Farbe in den Mittelpunkt. Mit einfachsten, zum Teil gestempelten Formen ergibt sich die Spannung aus dem Wechsel der meist ganzseitig durchgehaltenen Farbigkeit. Einfachheit im Sinne von „auf den Punkt bringen“ ist eine große Kunst, die im deutschen Kulturraum seltener anzutreffen ist als beispielsweise in skandinavischen oder angelsächsischen Ländern.

Einfachheit im Sinne von „auf den Punkt bringen“

Pinocchio-Illustration von Enrico Mazzanti (1883)

6.2 Pinocchio – oder: Illustration als Interpretation

Pinocchio ist nicht nur ein italienisches „Nationalheiligtum", sondern eine der populärsten und meistillustrierten Figuren der Literatur. Schon an wenigen Illustrationsbeispielen lässt sich eine breit gefächerte Entwicklung ablesen von den ersten skizzenhaften Schwarz-Weiß-Illustrationen Enrico Mazzantis (1883) über die Aneignung durch die Massenkultur (Disney) bis hin zur Wiederentdeckung der Figur durch Illustratoren wie Roberto Innocenti oder Sabine Friedrichson. Wo bedienen die Illustratoren Klischees, Erwartungen an „kindgerechte" Bildsprache, wo spiegelt die Figur eine persönliche Interpretation des Illustrators wider? Hat sie eine Seele? Entspricht sie dem Charakter des Textes? Alle Illustratoren, deren Arbeiten in diesem Band abgebildet sind, sind berühmte Zeichner. Welchen Markt bedienen sie? Wie interpretieren sie die 120 Jahre alte Geschichte?

Roland Topors anspruchsvolle aquarellierte Sepiazeichnungen sind ein Auftrag von Olivetti für die aufwändig gedruckte Jahresgabe 1972. Der arrivierte Künstler durfte sich alle interpretatorischen Freiheiten leisten und musste sich nicht an kindliche Betrachter wenden. Für ihn ist Collodis Pinocchio „die einzige echte, aktuelle moderne literarische Figur, mit seiner Neugier, seiner Feigheit". Topors Pinocchio trägt die aufgeplusterten stilisierten Kleider der Commedia dell' Arte-Figuren und (im Gegensatz zum gängigen Pinocchio-Klischee) eine weiche, seitlich abgeknickte Kappe. Die zum Teil ungestüm schraffierte Sepia-Federzeichnung ist mit eher stumpfen, dunklen Aquarellfarben koloriert und rückt das Wilde und Finstere der Geschichte in den Vordergrund. Damit ist sie weit entfernt von dem, was als „kindgerecht" gilt (s. Farbabbildung S. I).

Auch Sabine Friedrichsons aufwändige Buntstiftzeichnungen wurden für ein sehr anspruchsvolles bibliophiles Buch (Insel-Verlag) in Auftrag gegeben und wenden sich an ein kunsterfahrenes Publikum. Pinocchio erscheint meist im Vordergrund und fotografisch angeschnitten (s. Farbabbildung S. I). Die Bilder sind sehr atmosphärisch, auch bei ihr dominiert die Dunkelheit, das Beängstigende. Sie wählt die Schabtechnik, wobei sie von Dunkel nach hell arbeitet: Die Helligkeiten werden am Schluss herausgeschabt. Friedrichsons Pinocchio ist noch eine wirkliche Holzpuppe.

Weist die Figur Züge der Holzpuppe auf?

Während bei Topor der Ort nebensächlich ist und der Schwerpunkt in der Charakteristik der Personen liegt, spielt bei Sabine Friedrichson Pinocchio selbst und seine Heimat eine wichtige Rolle. Sie zeigt eine Toskana des ausgehenden 19. Jahrhunderts, die sich kaum von der Landschaft unterscheidet, in der Roberto Innocenti groß geworden ist. Dessen Aquarelle gehören zu den schönsten Pinocchio-Illustrationen überhaupt (s. Farbabbildung S. I). Detailliert schildert Innocenti in atmosphärischen Bildern die Schönheit dieser Landschaft jenseits der Idylle, realistisch stellt er die Armut, Kälte und die Grobheit der Menschen dar. Im Gegensatz zu Sabine Friedrichsons Illustrationen ist

Pinocchio bei Innocenti selten im Vordergrund zu sehen. Man muss ihn suchen, z.B. auf den Dorfplätzen in Vogelperspektive oder in dem riesigen Walfischbauch mit gestrandetem Schiff und unzähligen Gegenständen. Auf allen Bildern ist er klein und verloren. Die mit feiner Federzeichnung unterlegten Aquarelle sind – für diese Technik ungewöhnlich – sehr dunkel, selbst der toskanische Himmel ist nur auf einem Bild wirklich blau. In seinem dünnen Kleidchen bleibt Pinocchio auch in diesen Illustrationen eine Holzpuppe, deren Mimik und Bewegungen wie bei Topor und Friedrichson aber sehr menschlich wirken und die Identifikation für Kinder leicht machen.

Attilio Mussino ist der bis heute meistgedruckte Illustrator in Italien. Er stellte in über 30 Jahren (1911–1944) für Luxus- und Billigausgaben Hunderte von schwarz-weißen und farbigen Illustrationen zu Pinocchio her. Seine stark vom Jugendstil beeinflussten Zeichnungen zeigen einen bravourösen Könner, der gelegentlich Kompromisse an den Massengeschmack macht, aber immer einen hohen technischen Standard behält und der literarischen Vorlage treu bleibt (s. Farbabbildung S. I). Die stark konturierten Zeichnungen in lebhaften Farben entsprechen bis heute der allgemeinen Vorstellung „kindgerechter" Illustration. Aus dieser Tradition der Jugendstilillustration mit schwarzen Konturen, flächiger Farbgebung und starken Farben entwickelte sich die viel geschmähte „Trivialillustration", die Disneys großen Erfolg ausmacht, gepaart mit seiner ausgefeilten Marketingkonzeption.

Disneys Pinocchio ist im Gegensatz zur Holzfigur Chiostris von 1891 eine herzige Gummipuppe mit Tirolerhut (s. Farbabbildung S. I), die sich mit seinen Feinden und drolligen Freunden in einer Fantasielandschaft tummelt. Wie immer sind die Zeichner der Disney-Studios große Meister, die hervorragend mit Licht- und Schatteneffekten umgehen und deren Zeichnungen Kinder bis heute faszinieren. Disney hat die Figur Pinocchio mit allem ausgestattet, was erfolgreiche Trivialillustration ausmacht: Die ursprünglich staksige Holzpuppe ist klein und pummelig, der Kopf, die Augen sind groß, die Bäckchen rund („Kindchen-Schema"), eine Haartolle fällt ihm ins Gesicht, alles Hölzerne wird weich und rund. Die Nebenfiguren werden zu Kabarettnummern mit Slapstick-Einlagen. Ein Erzähler (die Grille) wird eingeführt und die Fee ist eine märchenhafte Hollywoodschönheit. Die offenkundige Verflachung der tragischen Geschichte und die Verniedlichung der Hauptfigur darf aber nicht darüber hinwegtäuschen, dass die Bewegungen und Hintergründe meisterhaft gezeichnet sind, was man von den meisten der heute produzierten Kaufhaus-Pinocchios nicht sagen kann. Interessant ist der Vergleich

Illustration von Carlo Chiostri (1891)

der Original-Illustrationen von Mazzanti und Chiostri mit Disneys trivialisierter Fassung: Die lange, dünne Holzfigur, die Innocenti, Friedrichson und Topor von der frühen Fassung übernehmen, hat nichts Niedliches. Mazzantis Illustrationen, die der Autor Carlo Collodi selbst für sein Buch ausgewählt hatte, zeigen einen skizzenhaft gezeichneten, keineswegs kindlich aussehenden Pinocchio. Chiostri, der vom Verleger Bemporad kurz nach Erscheinen der ersten Ausgabe beauftragt wurde, „das Werk zu verbessern", hielt sich eng an Mazzantis Vorgaben, vor allem in der Hauptfigur. Gesichter födern schnell zu Tage, wes Geistes Kind ein Illustrator ist.

Bewegung spielt eine große Rolle.

Eine Holzpuppe darzustellen, die trotz begrenzter mimischer Möglichkeiten zu einer Identifikationsfigur für Kinder werden kann, ist nicht einfach. Deshalb spielt bei allen Pinocchio-Illustrationen die Bewegung eine große Rolle. Pinocchio ist ein lebhaftes Kerlchen, er hüpft und springt durch die Bilder. Das ist das Einzige, was die Trivialillustrationen mit den anspruchsvollen Zeichnungen gemeinsam haben. Aber die Proportionen (großer Kopf, neckischer Ausdruck), die Farbgebung (knallige, meist helle Farben) und klischeehafte Idyllen kennzeichnen Massenprodukte, die das Niedliche und Lustige betonen. Bei den meisten kitschigen Interpretationen kommen mangelnde Differenzierung der Umgebung, einfache Bildgestaltung (die Hauptfiguren meist im Vordergrund) und undifferenzierte Atmosphäre (meist fröhlicher Sonnenschein) hinzu.

Massenprodukte betonen das Niedliche und Lustige.

Sehr viel schwieriger zu beurteilen sind Illustrationen, die sich an Moden orientieren, den neuesten Trends hinterherlaufen. Die Expertin Ute Blaich zitiert in diesem Zusammenhang Oscar Wilde: „Nichts ist so gefährlich, wie modern zu sein. Es kann nämlich sein, dass man dann plötzlich sehr altmodisch ist."

7 Bilderbücher im Klassenraum

7.1 Lesezonen, Lesezeiten

Weil heute immer weniger Kinder zu Hause lesende Erwachsene erleben, fällt der Schule eine wichtige Aufgabe zu: Neben der Vermittlung von Lesefertigkeiten muss sie die Lesemotivation fördern. Dazu bedarf es einer Lesekultur im Klassenzimmer. Kinder brauchen, um zu Leserinnen und Lesern zu werden, ein anregendes Angebot und die Möglichkeit sich mit einem Buch zurückzuziehen. Sie brauchen Zeit zum Betrachten der Bilder und zum ungestörten Lesen. Auch wenn sie zu Hause keine Lesevorbilder erleben, können sie so die Lust am selbstvergessenen Lesen erfahren und die Faszination, fremden Welten und fremden Lebensentwürfen zu begegnen. Lesezeiten, in denen die Kinder die Wahl ihrer Lektüre selbst bestimmen, sollten fest im Stundenplan verankert sein. Ein erhöhter Anreiz liegt in der Möglichkeit, anderen Erfahrenes und Entdecktes mitzuteilen. Deshalb sollte es auch Gelegenheit für (private) Gespräche zu zweit oder in kleinen Gruppen geben.

Lesekultur im Klassenzimmer

freie Lesezeiten

In vielen Grundschulen findet man eine Leseecke, meist mit einem Bücherregal vom übrigen Raum abgetrennt und so eingerichtet, dass sie zum Verweilen einlädt (Teppich, Sofa oder andere bequeme Sitzmöbel). Dort sollte ein möglichst vielfältiges Angebot bereitstehen: erzählende Literatur, Sachbilderbücher, Kinderzeitschriften und Comics. Das Angebot sollte auch Bilderbücher in verschiedenen Sprachen umfassen.

Generell sollten Bücher vorhanden sein, die in ihrem Textumfang insgesamt und in ihrer Textlänge auf den einzelnen Seiten das Lesevermögen nicht überfordern. Andererseits sollte das Angebot aber auch nicht zu eng auf eine Altersgruppe ausgerichtet sein, weil Gleichaltrige oft sehr unterschiedliche Lesefertigkeiten und Leseinteressen haben. Zumindest ein Teil der Bilderbücher sollte so präsentiert werden, dass die Titel sichtbar sind.

Bilderbücher präsentieren

Bilderbücher sind in der Regel so teuer, dass sie nicht im Klassensatz angeschafft werden können. Die Beschaffung einzelner Titel ist in vielen Schulen über den Förderverein möglich. Sollte das nicht so sein, so gibt es die Möglichkeit, in den Kinderliteratur-Abteilungen der Stadtbüchereien „Dauerausleihen“ zu beziehen, d.h. man kann eine größere Anzahl von Büchern längere Zeit behalten. Die Bibliothekarinnen sind in der Regel auch bereit zu einem gewünschten Thema eine Auswahl von Bilderbüchern zusammenzustellen.

Überdies halten viele Bibliotheken Diaserien zu Bilderbüchern und Hörkassetten bereit.

In Zusammenarbeit mit anderen öffentlichen Stellen bieten viele Stadtbüchereien im Rahmen eines Grundschul-Leseförderungsprojektes die *Aktion Bücherkiste* an. Pro Schuljahr erhalten die beteiligten Schulklassen gut bestückte Bücherkisten. Außerdem können die Kinder natürlich eigene Bilderbücher in die Schule mitbringen und vorstellen.

Wer Bilderbücher in den Unterricht einbezieht, knüpft an Erfahrungen aus dem vorschulischen Bereich an. Viele Bilderbücher kennen die Kinder bereits aus dem Kindergarten. Wenn sie ihnen in der Schule wieder begegnen, kann damit die Erfahrung verbunden sein, dass Texte und Bilder uns bei erneutem Lesen und genauerem Hinsehen bislang Verborgenes zu sagen haben, dass es gelingen kann, unterschiedliche Verstehensebenen auszuloten.

Rituale und Projekte

Generell sollten Kinder möglichst oft Gelegenheit haben, in freien Lesezeiten allein oder zu zweit Bilderbücher anzuschauen und zu lesen. Außerdem ist es sinnvoll, Rituale in den Schulalltag aufzunehmen wie morgendliches Vorlesen, Vorstellen von Büchern zu aktuellen Themen. Gelegentlich können Projekttage zu Büchern geplant werden, eine Lesenacht, eine Buchausstellung, ein Bibliotheksbesuch, eine Autorenbegegnung.

7.2 Bilderbücher vorlesen und zeigen

„Ein Kind, das gern vorgelesen bekommt, lernt Bücher lieben.", so Bruno Bettelheim, der die Bedingungen des Lesenlernens erforschte.[41] Wer sich an eigene frühe Erfahrungen erinnern kann, wird dem zustimmen. Belege für diese Erfahrung sind in den Kindheitserinnerungen vieler Schriftsteller zu finden. Sartre z.B. erzählt von der Verwirrung und Faszination, die er als Kind beim Vorlesen erlebt: Die Mutter verschwindet gleichsam hinter dem Erzählten, das Kind erkennt ihre Sprechweise nicht wieder. „Nach einem Augenblick hatte ich begriffen: Das Buch sprach. Sätze kamen daraus hervor, die mir Angst machten, wahre Tausendfüßler, ein Gewimmel von Silben und Buchstaben. (...) Manchmal verschwanden sie, ohne dass ich sie verstanden hatte, ein andermal hatte ich schon vorher verstanden, und die Sätze rollten nobel ihrem Ende entgegen."[42]

Vorlesen von Bilderbüchern auch in Klasse 3 und 4

Die Freude, zuhören zu können, wenn vorgelesen wird, erleben in der Schule vor allem Kinder im Anfangsunterricht, beim Übergang zum selbstständigen Lesen. Das regelmäßige Vorlesen in den Klassen 3 und 4 ist, bis auf punktuelle Anlässe, seltener, obwohl seine Bedeutung für die Lesesozialisation bekannt ist. Geschichten zuzuhören, die von fremden Erlebnissen und Erfahrungen erzählen, ist ein anthropologisches Bedürfnis. Auf geheimnisvolle Weise scheint in uns ein Echo zu antworten, das im Fremden Eigenes wiederfindet.[43]

Beim Vorlesen erhält das Geschriebene eine Stimme, der Text wird lebendig. Das Vorlesen bewegt sich zwischen Mündlichkeit und Schriftlichkeit und schlägt eine Brücke zwischen der Erzählung und den zuhörenden Kindern. Wenn es gelingt, entsteht eine dichte Atmosphäre, die Raum und Zeit vergessen lässt. Vielleicht sind es gerade solche Momente, die eine Tür zur Literatur öffnen und lebenslang im Gedächtnis bleiben.[44] Durch das Vorlesen (und späteres eigenständiges Lesen) werden Kinder angeregt, die Geschichten zu ihren eigenen Erfahrungen in Beziehung zu setzen und über Gründe und Konsequenzen von Handlungen nachzudenken. Zugleich werden über den Text und das sich anschließende Gespräch kulturspezifische Inhalte, Muster und Wertvorstellungen vermittelt.[45]

eine Brücke zwischen der Erzählung und den zuhörenden Kindern

Die natürliche Vorlesesituation für das Bilderbuch ist diejenige, in der ein Erwachsener einem Kind vorliest. Beim Vorlesen von Bilderbüchern in der Schule stellt sich das Problem, dass das Betrachten der Bilder nicht in der gleichen Weise wie in der häuslichen Situation parallel zum Hören der Geschichte geschehen kann. Werden Bilderbücher einer größeren Gruppe von Kindern vorgelesen, möchte ein Teil der Kinder die Bilder möglichst genau sehen, manchmal so lange, bis das letzte Detail entdeckt ist. Andere sind so gespannt auf den Fortgang der Geschichte, dass sie möglichst bald wissen wollen, wie es weitergeht. Einerseits sollte das Vorlesen nicht zu oft unterbrochen werden, weil sonst die Kontinuität des Erzählens verloren geht, andererseits ist die Korrespondenz, die wechselseitige Steigerung von Bild und Text, wichtig. Folgende Möglichkeiten haben sich bewährt:

bewährte Möglichkeiten

- Zwei Exemplare des gleichen Bilderbuches stehen zur Verfügung. Aus einem Exemplar wird vorgelesen, im anderen blättert ein Kind die jeweiligen Bilder auf.
- Von einzelnen Bildern, die für das Verständnis des Textes besonders wichtig sind, werden größere Farbkopien angefertigt und an die Tafel geheftet. Während des Vorlesens kann ein Teil der Bilder noch verdeckt sein (durch eine Tafelhälfte oder durch ein großes Blatt).
- Von vielen Bilderbüchern existieren Diaserien.[46] Im abgedunkelten Raum werden die Dias gezeigt, dazu wird vorgelesen. Bei einem derartigen „Bilderbuchkino“ profitiert die gemeinsame Betrachtung von der Magie des verdunkelten Raumes.[47]
- Das vorgelesene Bilderbuch sollte anschließend zum Betrachten der Bilder für die Kinder bereitgehalten werden.

8 Unterrichtsanregungen

8.1 Vom Lesen und Schreiben

Lesenkönnen als Fähigkeit Türen zu öffnen

Besonders in der Zeit, in der die Kinder dabei sind, sich die schwierige Kunst des Lesens anzueignen, brauchen sie die Ermunterung, sich selbstständig auf den Weg zu machen. Bettelheim vergleicht das Lesenkönnen mit der Fähigkeit eine Türe zu öffnen. Ob jemand diese wirklich öffnet, hängt davon ab, was er dahinter vermutet.

Kinder brauchen Zeit und Ruhe, um die Erfahrung machen zu können, dass das Gedruckte jedem, der lesen kann, Botschaften übermittelt. Der Augenblick, in dem sich diese Erfahrung vollzieht, ist von vielen Schriftstellern festgehalten worden. So erinnert sich Alberto Manguel: „Dann eines Tages sah ich durch das Autofenster (…) eine Plakatfläche am Straßenrand. Ich bekam sie nur kurz zu sehen – vielleicht hielt das Auto einen Moment oder bremste nur ein wenig ab –, und dort prangten riesige Zeichen ähnlich denen in meinem Buch, und sie bildeten Folgen, die ich nie zuvor gesehen hatte. Trotzdem: Mit einem Mal wusste ich, was sie bedeuteten. Ich hörte sie in meinem Kopf, die schwarzen Zeichen, und die Zwischenräume verwandelten sich in klaren, klingenden Sinn. (…) Seit ich die dürren schwarzen Zeichen zu lebendigen Wirklichkeiten zusammenfügen konnte, war ich allmächtig: Ich konnte lesen.“[48] Ähnlich mag es Kindern ergehen, die zum ersten Mal feststellen, dass sich die schwarzen Zeichen in Sinn verwandeln. Es lohnt sich, mit ihnen darüber zu reden.

Schreiben mit literarischen Texten anregen

Ebenso wichtig wie die ersten Leseerfahrungen sind für Kinder die ersten Erfahrungen mit eigenem Schreiben. Die Voraussetzung für das Erzählen und Schreiben von Geschichten erwerben Kinder bereits in den ersten Lebensjahren mit den Geschichten, die ihnen erzählt oder vorgelesen werden – auch denen, die sie im Fernsehen sehen. Auch die Geschichten, die sie selbst erzählen, machen erfahrbar, dass man erzählend Ort und Zeit verlassen, Vergangenes vergegenwärtigen oder etwas erfinden kann, was es in der Wirklichkeit nicht gibt. Die Schule sollte den Kindern früh ermöglichen selbst zu schreiben. So können sie sich der Bedeutungsmuster, der Handlungsmomente und der Figurenkonstellationen, die sich bereits in sie „eingeschrieben“ haben, vergewissern, um Erfahrenes und Vorgestelltes zu artikulieren. Es liegt nahe, das Schreiben mit literarischen Texten anzuregen – *Texte als Kontexte*[49] zu wählen, wie Mechthild Dehn empfiehlt. Diese können die Vorstellungskraft anregen und literarische Muster wirksam werden lassen. Das gilt für die Kinderliteratur generell, besonders aber für das Bilderbuch. Lesend und betrachtend lernen Kinder, sich auf symbolisch (bildlich und sprachlich) wiedergegebene Welt einzulassen. Sie üben sich darin, Geschichtenzusammenhänge zu erschließen. Das Bilderbuch bietet viele Möglichkeiten das Lesen- und Schreibenlernen miteinander zu verbinden und den Umgang mit dem Buch von Anfang an zu praktizieren.[50] Ein Glücksfall für den Unterricht im 1. und 2. Schuljahr ist Leo Lionnis *Buchstabenbaum.*

Umgang mit dem Buch von Anfang an

8.1.1 Der Buchstabenbaum, Leo Lionni

Übersetzt von Frederik Vahle. In: Frederick und seine Freunde. Gesammelte Bilderbuchgeschichten. Gertraud Middelhauve Verlag, Köln 1986.

In Lionnis Erzählung leben die Buchstaben zunächst einzeln und durchaus zufrieden, jeder auf seinem Blatt. Eines Tages aber kommt ein Sturm, der einige von ihnen wegbläst. Die anderen bekommen Angst. Da erscheint ein Helfer, der Wortkäfer. Er zeigt ihnen, wie sie sich zusammentun können, um zu Wörtern zu werden. Fortan leben sie glücklich als Wörter in ihrem Baum – bis eines Tages die Raupe kommt. Von ihr lernen sie, sich zu einem Satz zusammenzufinden. Sie lernen überdies, dass Sätze unterschiedlich Wichtiges aussagen können. Sie formieren sich zu einem Satz und die Raupe nimmt diesen auf ihren Rücken. „Wohin trägst du uns?", fragen sie und die Raupe antwortet ihnen: „Überall dahin, wo es Menschen gibt, die euch brauchen."

Der italienisch-amerikanische Bilderbuchkünstler Leo Lionni wurde 1910 in Amsterdam geboren, emigrierte 1939 in die USA und kehrte 1962 nach Italien zurück, wo er bis zu seinem Tod im Oktober 1999 als freischaffender Künstler lebte. Lionni greift in seinen Erzählungen auf die literarische Tradition der Fabel bzw. des Gleichnisses zurück. Viele seiner Gestalten sind „Menschen in Verkleidung", die den Kindern durch Identifikation und Nachvollziehen Verstehen ermöglichen. In diesem Fall treten Wortkäfer und Raupe als Lehrer auf, die in das Geheimnis der Schrift einführen. Figuren der Handlung sind außerdem die Buchstaben. Sie sind wie kleinere Kinder, die noch nicht gelernt haben, welche Bewandtnis es mit der Schrift hat. Lionni ermöglicht mit seiner Erzählung einen Einblick in Struktur und Sinn der Schriftsprache. Der Kunstgriff, den er vornimmt, liegt in der Parallele zum Lesen lernenden Kind, das zunächst einzelne Buchstaben kennen lernt, begreift, wie diese zu Wörtern werden und schließlich zu Sätzen. Hintergründig wird dabei – im Deutschen wie im Italienischen – die Doppeldeutigkeit des Wortes „Blatt" ins Spiel gebracht. Das wird Kindern nicht so leicht auffallen. Aber gute Bilderbücher sind generell doppelt adressiert: Sie wenden sich an das Kind, dem vorgelesen wird, und an den vorlesenden Erwachsenen. Der mag bei Lionnis Buchstabenbaum auch an den biblischen Baum der Erkenntnis denken.

Einführung in das Geheimnis der Schrift

Erlebnis-und Erfahrungsebene der Kinder

Im Erzählzusammenhang behandelt Lionni zudem das Thema des Gemeinschaft stiftenden Miteinanders, auf das jeder von uns angewiesen ist. Er bezieht die Erlebnis-und Erfahrungsebene der Kinder ein und fordert auf spielerische Weise zum Nachdenken über die Schrift auf. Auf den Lernprozess der Kinder übertragen lässt sich sagen, dass die Kenntnis einzelner Buchstaben nicht ausreicht. Ohne sinnvollen Bezug zueinander können sie nicht bedeutsam werden. Um den Sinn der Schrift zu verstehen, ist es auch nur ein erster Schritt, Buchstaben zu Wörtern zusammenzufügen. Erst wenn die Wörter zusammen etwas ausdrücken, was von Bedeutung ist, ist der kommunikative Sinn der Schrift erfüllt.

Abstraktion und Stilisierung prägen Lionnis Illustrationsstil. Typisch sind die hier verwendeten Mittel: Stempeldruck in Verbindung mit Dekalkomanie und Malerei. Der sparsame Text wird von großzügigen, auf das Wesentliche reduzierten Bildern begleitet. Bild und Text ergänzen einander. „Wenn eine Geschichte in meiner Vorstellung Form annimmt, geschieht das in Sätzen und Bildern.“, hat Lionni einmal gesagt.[51] Nie ist der Ort des Geschehens, der Baum, ganz zu sehen. Auf den einleitenden Seiten sieht man seine Blätter. Der erste Satz: „Das ist ein Buchstabenbaum.“ lässt dem Vorstellungsvermögen Spielraum. Auch auf den folgenden Seiten füllen Blätter mit einzelnen Buchstaben den größten Teil der Bildfläche aus. Vom farbigen Grund der Blätter hebt sich das Schwarz der Buchstaben deutlich ab.

über Schrift und Lesenlernen ins Gespräch kommen

Lionnis *Buchstabenbaum* ist gut geeignet mit Kindern über die Schrift und über den Prozess des Lesenlernens nachzudenken. Wenn man sie ermuntert, mit den Buchstaben, die sie bereits kennen, die Stationen des Wort- und Satzwerdens nachzuvollziehen, werden sie, als eifrige Helfer von Wortkäfer und Raupe, den komplexen Zusammenhang nachvollziehen und spielerisch mit Erfahrung füllen.

Unterrichtsanregungen 1.–2. Schuljahr

Ziele:
- nachvollziehen, wie sich die schwarzen Zeichen, die wir Buchstaben nennen, in Sinn verwandeln,
- möglicherweise: den Prozess in verschiedenen Sprachen erleben,
- auf die Doppeldeutigkeit eines Wortes aufmerksam werden,
- gemeinschaftliches Miteinander bei der Gestaltung eines „Buchstabenbaumes“ erleben.

den Fortgang der Handlung unterbrechen

Wer Kindern des ersten Schuljahres Lionnis *Buchstabenbaum* vorliest, könnte den Fortgang der Handlung an der Stelle unterbrechen, an der es vom Wortkäfer heißt: „*Ganz geduldig brachte er den Buchstaben bei, wie man sich zusammenschließt und Wörter bildet. Einige machten kurze und einfache Wörter wie*

Ei und Hut, andere machten schwierige Wörter wie: Blatt, Zweig oder sogar Erdboden." Die Kinder können dann – nach ihrer Vorstellung bzw. nach ihrem Vermögen – einfache oder schwierige Wörter aufschreiben oder drucken. Kinder, die neben der deutschen Sprache eine andere Sprache sprechen, können auch in ihrer Sprache Wörter aufschreiben. Dann wird ein großer Baum gemalt, an den die Blätter mit den unterschiedlichen Wörtern angeheftet werden können.

Wer mag, kann die Kinder auf die doppelte Bedeutung des Wortes „Blatt" aufmerksam machen. (Im Italienischen, der Muttersprache Lionnis, heißt das Blatt des Baumes „foglia", während das Papierblatt „foglio" heißt.) Dass eine identische (im Italienischen fast identische) Buchstabenfolge zwei unterschiedliche Bedeutungen tragen kann, kann zum Nachdenken über Wörter und ihren Sinn anregen. Und in diesem Fall hat ja das Blatt des Baumes mit dem Papierblatt zu tun. In der Erinnerung an ihre Kindheit erzählt Ulla Hahn: „*Ich liebte das Wort >Blatt<. Am Baum, im Buch. Ich liebte es, Blätter vom Baum zu den Blättern ins Buch zu legen, Blätter verheiraten nannte ich das, Kinder kriegen, wenn sich das grüne Blatt mit den schwarzweißen vermischte, wenn sich der Abdruck des Blattes vom Baum auf dem Buchblatt zeigte.*"[52]

Dann erfahren die Kinder die Fortsetzung der Geschichte: Sie hören, wie die Raupe den Wörtern vorschlägt: „*Warum tut ihr euch nicht zusammen und bildet Sätze und seid endlich etwas von Bedeutung?*" Hier werden die Kinder ermuntert sich selbst Sätze auszudenken, in denen die Wörter wohl gern vorkommen würden. Das kann im Erzählkreis geschehen. Reihum nennen die Kinder Sätze, die ihnen einfallen. Je nach Schreibfähigkeit können die Sätze auch aufgeschrieben werden. Dann empfiehlt es sich, auf den Erzählkreis zu verzichten, damit das Aufschreiben seinen Mitteilungscharakter nicht verliert. Anschließend wird den Kindern vorgelesen und gezeigt, wie Lionni das Ende der Geschichte erzählt. In seiner Version haben die Buchstaben versucht, „*an etwas Sinnvolles, etwas sehr Sinnvolles, zu denken*". Herausgekommen ist dabei der Satz: „*Auf Erden Friede unter den Menschen.*" Wenn die Kinder bereits eigene Sätze gefunden haben, sollten diese Ideen gewürdigt werden. Vor dem Hintergrund der eigenen Einfälle können die Kinder den Satz, zu dem die Raupe in Lionnis Erzählung ermuntert, als einen Satz mit besonderem Anliegen würdigen.[53]

Im Anschluss an die Erzählung vom *Buchstabenbaum* könnte ein Bilderbuch vorgelesen werden, in dem es ebenfalls um Wörter und Sätze geht – und um die Behauptung des Geistigen in einer mit der Ansammlung von Materiellem beschäftigten Welt:

● Lionni, Leo: Frederick (1./3. Schuljahr)
Deutsch von Günter Bruno Fuchs, Middelhauve, München, Nachdruck 1997.
Die 1967 zum ersten Mal in deutscher Sprache erschienene Umdeutung der Fabel Ameise und Grille (Äsop) gehört inzwischen zu den Bilderbuchklassikern. Die Maus Frederick sammelt Sonnenstrahlen, Farben und Wörter, während die Artgenossen Wintervorräte zusammentragen. Im Winter, als alle Nahrung aufgezehrt ist, wird Frederick nach seinen Vorräten gefragt. Er beginnt zu erzählen und in der Vorstellung seiner Zuhörer entstehen wärmende Sonnenstrahlen, die Farben des Sommers, ja die Schönheit aller Jahreszeiten. Unter Lionnis Gestalten nimmt Frederick einen besonderen Platz ein: Er ist der Dichter.

Wenn die Kinder sich von Frederick angeregt fühlen selbst Wörter zu sammeln, kann auch hier an die Begegnung mit anderen Sprachen gedacht werden.

8.1.2 Alphabet, Květa Pacovská

Ravensburger Buchverlag Otto Maier, Ravensburg 1996;
CD-ROM: Alphabet. Das Spiel mit dem ABC. Tivola, Berlin 2000.

Buchstaben als Akteure

Květa Pacovskás *Alphabet* ist ein textloses Bilderbuch, das aber gleichsam alle möglichen Texte in sich birgt. Akteure sind die Buchstaben; sie agieren in einer Welt skurriler Nilpferde, Katzen und Clowns. Schrift und Bildzeichen begegnen einander auf dem Papier. Die Buchseite wird zur Spielfläche, auf jeder neuen Seite eine neue Idee. Das Bilderbuch wird zum Raum, die Künstlerin zur Bucharchitektin. Das Buchhaus hat Fenster und Türen, die sich öffnen und schließen lassen. Durch einfache Falttechnik entsteht der Eindruck der Räumlichkeit. Das Ganze stellt sich dar als ein Experiment zwischen Bilderbuch, Künstlerbuch und Kunstobjekt.[54]

ästhetische Konstellationen im Spiel von Typografie und Bild

Die Prager Grafikerin Květa Pacovská (geboren 1928) lässt im Spiel von Typografie und Bild immer neue ästhetische Konstellationen entstehen: Leuchtendes Rot, begleitet von kräftigen Gelb-, Grün- und Blautönen, füllt den Hintergrund oder die Buchstabenform. Hinzugefügte Elemente erwecken die Buchstaben zum Leben, lassen aus dem *D* einen dickbauchigen Clown mit Vogelkopf werden, verzaubern den Fuß des *F* in einen Stiefel. Der obere Teil des *L* bekommt einen mächtigen Tierkopf, das *T* entfaltet seine ausgestreckten Arme, an deren Ende Finger sichtbar werden.

Unterrichtsanregungen 1.–4. Schuljahr

Ziele:
- ein Gespür bekommen für die Schönheit der Schriftzeichen,
- beim Schneiden von Großbuchstaben Einsichten in den Formcharakter der Schriftzeichen gewinnen,
- Buchstabenfiguren und Buchstabenbilder gestalten,
- die CD-ROM *Das Alphabet* als multimediale Version des Bilderbuches kennen lernen,
- Buchstabenfiguren in Szene setzen.

Material:
- Quadrate aus schwarzem Papier (6 cm x 6 cm oder größer),
- kräftiges weißes Papier (A 3 oder A 4),
- Moosgummi, Holzklötzchen,
- Druckfarbe oder Stempelkissen,
- Pinsel und Deckfarben,
- farbige Papiere (z.B. Geschenkpapier) zur Gestaltung von Buchstaben und Buchstabenfiguren,
- Pappe (30 cm x 30 cm) und Holzstäbe (60 cm) zur Gestaltung von Spielfiguren,
- Orff-Instrumente zur musikalischen Begleitung des Figurenspiels.

a) *Großbuchstaben mit der Schere gestalten (1.–2. Schuljahr)*
In der Schule werden Schrift und Schreiben in erster Linie als Fähigkeit begriffen, Inhalte zu Papier zu bringen. Aus dem Blick gerät dabei oft das Medium selbst – die Schrift.[55] Im Sinne einer ästhetischen Alphabetisierung ist es aber reizvoll und wichtig, ein Gespür für die Schönheit der Schriftzeichen zu vermitteln. Folgt man dem Einstieg in die Welt der Buchstaben, wie Květa Pacovská ihn vorschlägt, bieten sich dazu viele Möglichkeiten.

Gespür für die Schönheit der Schriftzeichen

Um mit der Gestalt der Buchstaben vertraut zu werden, sollten zunächst Erfahrungen mit dem Schneiden von Großbuchstaben gemacht werden. Es erfordert Aufmerksamkeit und leitet den Blick auf Klarheit und Strenge der Formgebung sowie auf die Schönheit des Einfachen. Zudem können durch die Beweglichkeit der Teile Ordnungsmöglichkeiten erprobt werden. Die Farbe wird als gestalterisches Element zunächst ausgeklammert, um ganz auf die Form aufmerksam zu machen.[56] Auf die Benutzung eines Stiftes zum Vorzeichnen sollte verzichtet werden. Das Schneiden fordert mehr gestalterische Entscheidung. Bei der Arbeit kann den Kindern bewusst werden, dass es symmetrische Buchstaben gibt (A H I M O T U V W X Y) und asymmetrische (B C D E F G J K L N P Q R S Z), und dass einige Buchstaben mehr Platz einnehmen als andere. Symmetrische Buchstaben können gefaltet geschnitten werden. Das ist aber nicht einfach. In jedem Fall sollte reichlich Material zum Ausprobieren vorhanden sein.

Das Schneiden erfordert gestalterische Entscheidung.

Verändern durch Schieben und Tauschen

Die Kinder schneiden zunächst das Innere der Buchstaben aus. (Da die runden Buchstaben besonders schwierig zu schneiden sind, könnten sie im 1. Schuljahr weggelassen werden.) Eine weiterführende Möglichkeit bietet das Verändern durch Schieben und Tauschen der Teile. So kann sich das *R* in ein *P* verwandeln und das *P* in ein *R*, das *Q* in ein *O* oder umgekehrt). Die beim Ausschneiden aus dem schwarzen Papier abfallenden Reste können für kleinere Buchstaben gestalterisch verwendet werden.

Nach dieser Vorbereitung, für die eine oder zwei Unterrichtsstunden vorgesehen werden sollten, können die Kinder Buchstabenformen frei schneiden. Auf kräftiges weißes Papier werden die Buchstaben aufgeklebt. Dabei können Buchstabenbilder entstehen, wie die folgenden Beispiele zeigen.[57]

b) *Großbuchstaben drucken*

Stempel herstellen

Große Lettern zum Drucken und Stempeln kann man aus Moosgummi schneiden, umgekehrt auf Holzklötze kleben und somit Buchstabenstempel herstellen, die wie andere Stempel auf dem Stempelkissen eingefärbt werden können. Möglich ist auch die Herstellung von Großbuchstaben aus Milch- oder Safttüten: Dabei wird als Material die aluminiumbeschichtete Innenseite der Milchkartons verwendet. Hier sollte der Buchstabe spiegelverkehrt vorgezeichnet werden. Mit der Schere wird der Entwurf ausgeschnitten. Klebt man das Schriftzeichen auf ein Holzklötzchen, so kann man es mit Farbe einwalzen oder mit dem Stempelkissen einfärben und auf Papier drucken. Derart gedruckte Buchstaben können die Grundlage bieten für die Gestaltung von Buchstabenfiguren.

c) *Buchstabenfiguren gestalten (2.–4. Schuljahr)*
Bei der Betrachtung von Květa Pacovskás Bilderbuch *Alphabet* wird den Kindern zunächst die Farbenpracht der dargestellten Buchstabenwelt auffallen. Außerdem werden sie feststellen, dass die Schriftzeichen zuweilen mit Augen, Nase, Mund, Tier- und Menschenköpfen, Händen und Füßen ausgestattet sind. Obere Formelemente überraschen mit fantastischen Köpfen, untere tragen geschnürte Stiefel.

Buchstabenfiguren mit überraschenden Formen

Zur gemeinsamen Betrachtung sind die farbigen Abbildungen in der Mitte des vorliegenden Bandes, S. II, gedacht. Die Seiten können auf Folie kopiert und mit Hilfe des Tageslichtprojektors gezeigt werden. Wenn die Kinder die Gestaltungsmerkmale erarbeitet haben, können sie selbst solche Buchstabenfiguren entwerfen. Dazu sollten Pinsel und deckende Farben verwendet werden, evtl. auch farbige Papiere, die gerissen verwendet werden können. Falls noch weitere Anregungen gewünscht sind, kann die *Kopiervorlage 1* eingesetzt werden. Sie zeigt einige Buchstabenfiguren zum Ausschneiden und bietet zur Gestaltung weiterer Kopf, Stiefel und Arm an.

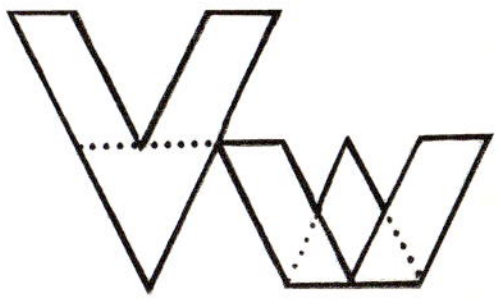

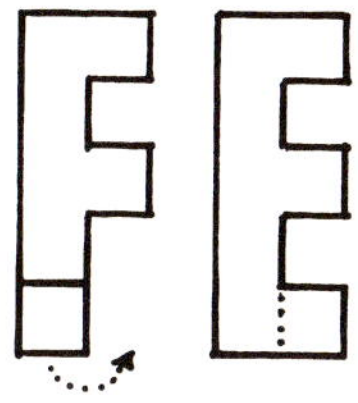

Einfache Falttechniken können ebenfalls erprobt werden. So kann das auf der Kopiervorlage abgebildete *A* auf ein Blatt geklebt werden, nachdem die beiden seitlichen Schenkel des Dreiecks aufgeschnitten wurden. Beim Herunterklappen kann ein weiterer Buchstabe oder ein Bild sichtbar werden. Ähnlich können auch andere Buchstaben aufgeklappt werden (das *V* nach oben, beim *E* oder *F* ein seitliches Element).

d) *Geschichten erfinden (3.–4. Schuljahr)*
Die Kinder des 3. und 4. Schuljahres (und manche Erst- und Zweitklässler auch) wissen schon, dass die 26 Buchstaben, die hier ihre Auftritte feiern, alle möglichen Geschichten in sich bergen. Man kann die Kinder ermuntern eine dieser Geschichten zu erfinden. Das ist aber nicht einfach, weil die Möglichkeiten unbegrenzt sind. Deshalb sollte die Vielfalt eingegrenzt werden. Die Vermenschlichung einiger Buchstaben kann dazu anregen, Dialoge oder Geschehnisse zu erfinden: Das *A* macht große Augen, was es wohl sieht? Das *A* macht eine Verbeugung vor dir und zeigt dir dein Spiegelbild, es lädt dich ein. Das dicke *D* begegnet dem *E* mit seinen hübschen Stiefeln, die beiden planen einen Ausflug. Das *Q* sieht aus wie eine gut belegte Pizza, es möchte gerne auf einen schön gedeckten Geburtstagstisch.

Das *A* macht große Augen, was sieht es wohl?

e) *Vorstellen der CD-ROM Alphabet. Das Spiel mit dem ABC.*
Die CD-ROM bietet Animationen rund um die 26 Zeichen. Sie ist voller skurriler Einfälle und reizvoller visueller und akustischer Effekte und gilt als ausgereifte Multimedia-Anwendung. Zeichen verwandeln sich in Bilder und Bilder in Zeichen. Die Buchstaben treten in immer neuen Varianten hervor und bieten Spielanlässe unterschiedlichster Art: Das große *G* „frisst" die kleinen und wird dabei immer größer, das ängstliche *I* flieht vor dem Spieler und

verschwindet sogar, wenn er schreit. Das *K* klickt nach Herzenslust und mit dem *Y* fährt man durch die Geisterbahn. Immer wieder überraschen spielerische Kreationen. Untermalt wird dies alles von Geräuschen und Musik. Über ein Mikrofon kann man akustisch auf die Animationen einwirken.[58]

interaktive Möglichkeiten

Das Begleitheft informiert über die interaktiven Möglichkeiten: „*Klick einen Buchstaben an und du kannst mit ihm spielen.*" Das funktioniert sowohl über das Antippen eines Buchstabens auf der Tastatur als auch über die Maus. Wenn sich der Mauszeiger in einen roten Mund verwandelt, kann das Mikrofon aktiviert werden. Immer wieder gibt es Anlass zum Staunen. „*Bewege den Mauszeiger auf das* **D**. *Je nachdem, wo er sich befindet, blubbert, gluckert oder trompetet es.*" „*Bewege die Maus und du siehst viele kleine* **Fs**. *Puste in das Mikrofon und die kleinen* **Fs** *fliegen wie Herbstblätter über den Bildschirm. Finde den richtigen Platz für die einzelnen Teile des* **Ws**. *Am Ende fliegen viele* **Ws** *über den Bildschirm. Du kannst sie mit der Maus tanzen lassen.*"

Die CD-ROM übt eine große Faszination auf Kinder aus. Bei der Frage, ob sie Bilderbuch oder living-book bevorzugen, fällt ihre Wahl meist zugunsten des Letzteren aus. Das ist gut zu verstehen. Zum ästhetischen Reiz des Bilderbuches kommt hier die Faszination an der Bewegung. Ständig geschieht etwas – und wer Tastatur, Maus sowie Mikrofon bedient, kann das Geschehen beeinflussen, hat den Eindruck selbst Regisseur zu sein.

Faszination der Bewegung

Die neuen Medien sollten integraler Bestandteil einer dem eigenständigen Lernen förderlichen Lernumgebung sein. In vielen Grundschulklassen stehen inzwischen Multimedia-PCs zur Benutzung bereit. Da die Anzahl vorläufig aber zumeist gering ist, muss die Benutzung verabredet werden. Vor allem in Formen offenen Unterrichts lässt sich das gut über Benutzerlisten regeln.

Unterrichtsanregungen 2.–4. Schuljahr

a) *angeregt von der CD-ROM eigene Ideen entwickeln*
Wünschenswert wäre, dass die Kinder, nachdem sie das Bilderbuch kennen gelernt haben, die CD-ROM allein oder zu zweit aktivieren können. Da im living book die Buchstaben vokalisiert werden (Be, Ce, De...), kann die Darbietung im ersten Schuljahr zu Verunsicherungen führen. Die nachfolgend aufgeführten Vorschläge gelten deshalb dem 2.–4. Schuljahr. Die Faszination an Gestalt und Funktion der Buchstaben ist aber vermutlich nie größer als zu Beginn des Erwerbs der Schriftsprache. Deshalb wird angeregt, dass die größeren, schon schrifterfahrenen Kinder für Erstklässlerinnen und Erstklässler ein Buchstaben-Figuren-Spiel aufführen und so einen Einblick in das Geheimnis der Schrift vermitteln.

Gestalt und Funktion der Buchstaben faszinieren

Zunächst sollten die Kinder ermuntert werden eigene Ideen zur Umsetzung der CD-ROM zu entwickeln. Dabei wird ein grundsätzlicher Unterschied zwischen Bilderbuch und living book deutlich werden: Das Bilderbuch muss Kindern vermittelt werden, wenn sie es in der Vielfalt der Ideen und Anregungen auch nur annähernd ausschöpfen sollen. Die Vermittlung führt zum Freisetzen kreativer eigener Ideen. Das living book vermittelt sich von selbst, weil es Formen der Aktivierung mitliefert. Es ist kaum nötig etwas hinzuzufügen. Das kann sich als Hindernis für die Entwicklung eigener Ideen auswirken. Die Kinder werden aber Ideen aufnehmen und variieren. Die Beweglichkeit der Figuren kann z.B. dazu anregen, selbst bewegte Buchstabenfiguren herzustellen, die Handlungselemente der CD-ROM können zu analogen Erfindungen führen, die akustische Animation legt nahe, mit Orff-Instrumenten selbst Begleitmusik zu machen.

kreative Ideen freisetzen

b) *Figurenspiel mit Musik*
Im Figurenspiel werden, im Unterschied zum traditionellen Puppentheater, auch flache Figuren eingesetzt. Die Kinder müssen nicht hinter einem Vorhang versteckt sein, sie können gemeinsam mit den Figuren auftreten und mit ihnen agieren. Die Figuren sollten einfach zu bedienen sein, damit das spielende Kind sich auf die Aktionen und auf die Musik konzentrieren kann. Die elementare Spielform ist gut geeignet für Grundschulkinder unterschiedlichen Alters. Sie kommt auch für das 1. Schuljahr in Frage, wird hier aber ab dem 2. empfohlen, weil daran gedacht ist, dass die schon schrifterfahrenen Kinder das Spiel für die jüngeren aufführen. Das könnte z. B. anlässlich einer Einschulungsfeier geschehen.

Buchstabenfiguren, die, wie weiter oben beschrieben, nach dem Bilderbuch gestaltet wurden, bieten Anregung zur Herstellung der Spielfiguren, die mindestens 30 cm x 30 cm groß sein sollten. Wenn jedes Kind einen Buchstaben gestaltet, kann das ABC in Großbuchstaben in Aktion treten. Zusätzlich sollten, im Format kleiner als die Großbuchstaben, die Vokale a und e als Kleinbuchstaben entstehen. Die Buchstabenfiguren werden auf dünne Holzstäbe (ca. 60 cm lang) genagelt oder geleimt. Eine Figur, die im Format wesentlich größer sein sollte als die Buchstaben, das Nilpferd, wird (von zwei Kindern) an drei Stäben geführt. Das Maul des Nilpferds erhält einen beweglichen Unterkiefer, damit es Buchstaben „fressen“ kann (s. Abbildung).

Nilpferd geführt an 3 Stäben, einer für den beweglichen Unterkiefer

Das Spiel beginnt mit dem Vorstellen der Buchstabenfiguren. Der Buchstabe kann dabei mit dem Kind tanzen, hüpfen, still stehen, sich verbeugen. Er kann die zuschauenden Kinder fragen, ob sie bereits wissen, wie er heißt. Um den Unterschied zwischen dem Lautwert und dem vokalisierten Buchstaben-Namen zu verdeutlichen, können die Vokale e und a als Kleinbuchstaben hinzukommen und Konsonanten „besuchen". Dabei sprechen die Spieler zunächst den Lautwert und dann den Buchstabennamen. Das Zusammentreffen kann musikalisch untermalt werden. Anschließend können die Vokale als selbst klingende Zeichen vorgestellt werden. Da die CD-ROM auch die englische Aussprache der Lautzeichen bietet, kann das Spiel auch in Englisch oder im Vergleich Deutsch-Englisch aufgeführt werden.

Das Spiel ist auch in anderen Sprachen möglich.

Dann tritt das Buchstaben fressende Nilpferd auf. Zunächst frisst es – begleitet von genüsslichen Schmatz- und Grunzgeräuschen – beliebige Buchstaben. Dann wird es wählerisch. Es verschlingt bestimmte Buchstaben, etwa E und I – und hinten heraus kommt *EI*, oder es frisst *A, U, T, O* und heraus kommt *AUTO* usw.

Sollten diese Vorschläge von den Kindern als zu einengend empfunden werden, können sie sich, angeregt von den Aktionen im living book, eigene skurrile und fantastische Kreationen und Handlungselemente ausdenken.

weitere Empfehlungen zum ABC im Bilderbuch

● ANDRESEN, UTE (Text) / MONIKA POPP (Illustration): ABC UND ALLES AUF DER WELT. *Ein Lese-Schatz-Buch. Beltz & Gelberg, Weinheim. (1./2. Schuljahr)*
Welt und Sprache werden, ganz im Sinne des *Orbis pictus*, in schönen Bildern (detailreiche Pastellzeichnungen) und reizvollen Texten vorgestellt. Ute Andresen, erfahrene Grundschullehrerin, weiß, worauf es beim Lesenlernen ankommt.

● BERNER, ROTRAUT SUSANNE: ABC, DIE KATZE LIEF IM SCHNEE. *Hanser, München 1996. (1./2. Schuljahr)*
Aus dem vertrauten Kindervers zaubert Rotraut Susanne Berner ein ganzes Alphabet, in dem die Katze wechselnde Rollen übernimmt. Bilder und Verse entstehen aus Redewendungen der Erwachsenenwelt.

● BUDDE, NADIA: TRAURIGER TIGER TOASTET TOMATEN. *Peter Hammer Verlag, Wuppertal 2000. (1./3. Schuljahr)*
Wie im Titel finden hier auf jeder Bilderbuchseite zu einem Buchstaben des Alphabets die entlegensten Wörter und Dinge zusammen, weil sie der gemeinsame Anfangsbuchstabe verbindet. Die Alliterationen regen zu eigenen Schöpfungen an.

● ENSIKAT, KLAUS (Illustr.)/ENSIKAT, PETER (Text): DAS A STEHT VORN IM ALPHABET. *LeiV, Leipzig, 2. Aufl. 1999. (3./4. Schuljahr)*
Klaus Ensikat hat die 26 Zeichen mit skurrilen und kunstvollen Illustrationen versehen, deren Anspielungsreichtum auch für Erwachsene kaum auszuschöpfen ist. Peter Ensikat reimt dazu, z.B. „Das *D* macht aus *U*/ ein freundli-

ches Du. Aus um/macht es dumm,/aus ämlich macht's dämlich (...)" oder: „Es tut nicht weh, es heißt nur so./ Darüber ist das *W* ganz froh."

● MORITZ, KARL PHILIPP (Text)/ERLBRUCH, WOLF (Illustration): NEUES ABC-BUCH. *Nachwort von Heide Hollmer. Verlag Antje Kunstmann, München 2000. (3./4. Schuljahr)*

Das von Karl Philipp Moritz 1790 verfasste ABC-Buch hat Wolf Erlbruch neu illustriert und interpretiert. Es geht um die fünf Sinne, das Nachdenken, den Körper, dann, komplexer, um Mensch und Natur. Ein poetisches, hintergründig verspieltes Buch über Bilder und Buchstaben.

● SCHWARZ, REGINA (Text)/BOHNSTEDT, ANTJE (Illustration): SPRACH-SPIEL-SPASS VON A BIS Z. *Velber im OZ Verlag, Freiburg 2002. (1./2. Schuljahr)*

Regina Schwarz präsentiert von A bis Z wichtige Wörter, lautmalerische Reime, Rätsel und Zungenbrecher. Ihre heiteren Verse erfreuen durch pointierten Sprachwitz und durch die Nähe zum Alltag der Kinder.

8.1.3 Post für den Tiger, Janosch

Beltz & Gelberg, Weinheim 1980.

Jemand wartet sehnsüchtig auf einen Brief.

In *Post für den Tiger* erzählt Janosch von zwei unterschiedlichen Figuren: einem Bären, der auf Wanderschaft geht, und einem Tiger, der zu Hause bleibt. Während der Bär zum Angeln an den Fluss geht, wartet der Tiger sehnsüchtig auf Post. Er wartet den ganzen Tag vergebens. Der Bär hat zwar einen Brief versprochen und auch geschrieben, aber nicht abgeschickt. Bei seiner Rückkehr findet er einen enttäuschten Tiger vor. Der folgende Tag bringt eine Wiederholung des Geschehens. Der Bär ist klüger geworden: Diesmal wird die Beförderung des Briefes der Gans, dem Fisch, der Maus, dem Fuchs, dem Elefanten, dem Esel und zuletzt dem Hasen angetragen. Der Hase schließlich übernimmt die Aufgabe und so gibt es endlich *Post für den Tiger*.

Durch kleine Nebenfiguren oder Details kommentiert Janosch die Handlung. In *Post für den Tiger* sind es eine winzige Maus, ein ebenso winziger Frosch und die hölzerne Tigerente, die das Geschehen begleiten. Auf dem Vorsatzblatt winkt die Maus mit einem Brief wie der Bär über ihr, auf dem ersten Bild liegen Frosch und Tigerente wie der kleine Tiger entspannt da, während die Maus, analog zum Bären, aktiv ist: Während der Bär zum Angeln aufbricht, schwimmt sie in einer Art Suppenteller. Als der erhoffte Brief den Tiger erreicht, freuen sich Maus und Ente mit. Die kleinen Nebenfiguren verhalten sich wie Kinder im Verhältnis zu Erwachsenen: Sie imitieren im Spiel, was die Großen vorleben. Janosch nutzt die Nebenhandlungen als spielerisch-ironische Brechung der Geschichten.

Nebenhandlungen

Janosch (d.i. Horst Eckert, geb. 1931) gehört zu den bekanntesten Kinderbuchautoren und -illustratoren im deutschsprachigen Raum. Seine anthropo-

Die Figuren lösen Sympathiereflexe aus.

morphisierten Tierfiguren, z.B. Bär und Tiger, sind vielen Kindern und Eltern vertraut. Möglicherweise durch die Zeichentrickfilm-Serie „*Janoschs Traumstunde*" im 1. Deutschen Fernsehen[59], gewiss aber durch die Mehrfachvermarktung der Figuren (Kassetten, Stofftiere, Holzspielzeug, Briefpapier, Postkarten, Tassen usw.). Janoschs Geschichten für Kinder sind unterhaltsam. Die Figuren, eine Mischung aus Plüschtier und Kind, lösen Sympathiereflexe aus. Typisch ist, wie in *Post für den Tiger*, ein naivisierender Stil. In Wort und Bild wird mit leicht eingängigem Humor oder Witz erzählt. Die Figuren spiegeln kindliche Wünsche und Bedürfnisse wider und regen zur Identifikation an.

wie auf einer Papierbühne

Janoschs Bilder greifen auf den Illustrationsstil des 19. Jahrhunderts zurück. Er skizziert den Bildraum mit kurzen Strichen und unterlegt diese mit Aquarellfarben. Wie Kulissen auf einer Papierbühne ordnen die Bildelemente den Raum in überschaubarer Weise. Das erweckt einen harmonischen, idyllischen Eindruck. In der Regel sind die Szenen in eine mittlere Distanz gerückt. Janoschs Blick ist, wie Jens Thiele kritisch anmerkt, antimedial, betont unmodern und rückschrittlich verklärend.[60] Auch wenn man Thieles Kritik zustimmt, wird ins Gewicht fallen, dass Janoschs Erzählungen von Kindern geliebt werden.[61] Das mag auch an ihrer Emotionalität und ihrer Parteinahme für Kinder liegen. Die Botschaft in *Post für den Tiger* ist die der innigen Freundschaft, in der jeder sein darf, wie er ist und genau so angenommen wird. Dies und die Widerspiegelung eigener Wünsche macht, neben der Niedlichkeit der Figuren, wohl deren Erfolg aus.

Unterrichtsanregungen 1.–2. Schuljahr

Ziele:
- die unterschiedlichen Bedürfnisse der literarischen Figuren nachempfinden und als Botschaft der Erzählung verstehen: Jeder darf so sein, wie er ist.
- in der fiktionalen Situation den kommunikativen Sinn des Schreibens erfahren.

Material:
- große Papierbögen,
- Wachsmalstifte oder farbige Filzstifte.

a) *in der Gruppe schreiben – Brief für den Tiger (1. Schuljahr)*
Sehnsüchtig wartet der kleine Tiger auf einen Brief – so wird beim Vorlesen deutlich. Das können die Kinder sich gut vorstellen. Was liegt näher, als dem Tiger selbst einen Brief zu schreiben ? Für Schreibanfänger kann ein Brief wie dieser reizvoll sein, weil unmittelbar deutlich wird, dass man mit den gerade erlernten Buchstaben und Wörtern etwas mitteilen kann. Die Erfahrung: Ich

hinterlasse Zeichen auf dem Papier und jemand anders kann lesen und verstehen, was ich gemeint habe, ist für Erwachsene selbstverständlich. Für Kinder, die sich die Schriftsprache gerade zu eigen machen, ist eben dies eine faszinierende Angelegenheit.

Für 6–8 Kinder wird ein großer Papierbogen ausgebreitet. Farbige Filzstifte oder Wachskreiden liegen bereit. Das Bilderbuch wird vorgelesen. Unterbrochen wird an einer Stelle, an der die Zuhörer sich gut in den Text einschalten können, z.B. in der Szene, in der der Tiger den Brief erhalten hat. „Er tanzte vor Freude auf dem Tisch, auf dem Stuhl, auf dem Bett, auf dem Sofa. Las den Brief von vorn bis hinten und von hinten bis vorn. Hatte jetzt wieder zu allem Lust und schälte die Zwiebeln, kochte Kartoffeln. Fegte die Stube und das Leben war schön.“

zum Schreiben ermutigen

Die Versicherung, dass der Tiger sich auch über Buchstaben freut, kann diejenigen Kinder ermutigen, die sich das Schreiben von Wörtern oder Sätzen noch nicht zutrauen. Sechs bis acht Kinder verteilen sich um einen großen Papierbogen, um gemeinsam ihren „Brief an den Tiger“ zu schreiben. Beim Schreiben können die Kinder den Schreibraum erkunden, Buchstaben aufmalen und selbst entscheiden, wie groß oder wie klein sie sein sollen, eine Schreibweise für ein Wort finden, das wichtig erscheint. Vielleicht gelingt schon ein ganzer Satz, zunächst zur Freude des Schreibers, dann auch zur Freude der Leser. Wer mag, malt auch ein Bild dazu. Nach dem Schreiben stellen die verschiedenen Gruppen einander ihre großen Briefe vor.

Wer mag, kann das literarische Spiel noch weiter treiben, die Briefe in einen großen Umschlag stecken und an den Tiger adressieren. Dann müsste die Lehrerin einen Antwortbrief des Tigers schreiben. Dabei sollte das fiktionale Spiel nicht übertrieben werden. Die Frage, ob der kleine Tiger wirklich lebt und den Brief auch bekommt, wird irgendwann gestellt werden. Ein Gespräch sollte dann Klarheit darüber schaffen, dass literarische Figuren ihr eigenes Leben führen – in unserer Vorstellung.

Kinder schreiben an den Tiger – zwei Beispiele.

b) *Briefe für den Tiger, Briefe vom Tiger (1.–2. Schuljahr)*

Wenn das Buch insgesamt vorgelesen ist, kann man die Kinder anregen, darüber ins Gespräch zu kommen, wer von ihnen eher wie der kleine Tiger zu Hause bleiben und auf einen Brief warten würde, und wer eher wie der kleine Bär in die Welt ziehen würde. Dabei kann deutlich werden, dass jede der beiden Figuren ein Recht darauf hat, so zu sein, wie es ihrer Neigung entspricht.

Vielleicht wollen die Kinder allein Briefe schreiben. Dabei können sie wie Reyhan und Nancy an den Tiger schreiben oder als Tiger an die Kinder. Dazu ist die *Kopiervorlage 2* gedacht.

8.2 Bilder lesen, Bilder machen

Bilder lesen als Schlüsselkompetenz

Vor dem Hintergrund der sich wandelnden visuellen Kultur geht es nicht nur um das Lesen von Schrift, sondern auch um das Lesen von Bildern. Wir können davon ausgehen, dass die Fähigkeit Bildaussagen wahrzunehmen und zu verstehen, bei Kindern heute vergleichsweise weiter entwickelt ist als vor einigen Jahren. Sie ist gegenwärtig und in Zukunft aber auch eine zunehmend wichtigere Schlüsselkompetenz.

Wir alle können Bilder sehen, der Vorgang läuft mühelos und automatisch ab. Dennoch fehlt uns eine visuelle Intelligenz. Um diese zu fördern, sollten Kinder eine Vorstellung davon entwickeln, welche gestalterischen Möglichkeiten es gibt und wie sie eingesetzt werden können. Sie sollten erfahren, dass unterschiedliche Bildelemente zusammenwirken und dass dies Auswirkungen auf die Bildaussage hat.

Zusammenhang von Gestaltungsmittel und Bildaussage

Für die Anleitung zur Bildwahrnehmung und zum Bildverstehen empfiehlt Jens Thiele zunächst das Einzelbild[62]. Im Bilderbuch begegnet es Kindern in einem Zusammenhang, der die Figuren und die Räume, von denen erzählt wird, anschaulich werden lässt. Beim angeleiteten Betrachten und beim Malen eigener Bilder können Kinder den Zusammenhang von Gestaltungsmittel und Bildaussage erfahren.

8.2.1 Die Königin der Farben, Jutta Bauer

Beltz & Gelberg, Weinheim 1998.

Farben „regieren“ auf ihre Weise.

In *Die Königin der Farben* erzählt Jutta Bauer von „Malwida“ (in deren Namen die versteckte Aufforderung: „Mal wieder“ zu entdecken ist). Die Königin lebt in einer schwarzweißen Welt. Zu deren Belebung befiehlt sie ihre Untertanen, die Farben, zu sich. Die Farben gehorchen, sie „regieren“ aber auf ihre Weise: Sie färben die Stimmung der Königin. Da ist das sanfte Blau, das Malwida freundlich begrüßt und von der Königin zärtlich umarmt wird. Da ist das ungestüme Rot, das die Königin fast umwirft, mit dem sie zu einem wilden Ritt durch ihr Reich aufbricht. Da ist das Gelb, das warm und hell sein kann, aber auch zickig und gemein. Mit ihm gerät Malwida in Streit. Die anderen Farben mischen sich ein – und alles wird, wie zu erwarten, grau. Malwida schimpft, tobt, schreit, aber was immer sie unternimmt, das Grau will nicht verschwinden. Sie beginnt zu weinen. Da verwandeln sich ihre Tränen in Farben und Malwidas Welt wird wieder bunt. Die Königin sprüht vor Freude.

Die letzten Seiten des Bilderbuches entfalten ein wahres Feuerwerk der Farben, in dem Malwida tanzt vor Glück.

Die 1955 in Hamburg geborene Jutta Bauer wurde bekannt als Cartoonistin für die Frauenzeitschrift *Brigitte*. Sie gehört zu den einfallsreichsten und produktivsten Bilderbuchkünstlerinnen in Deutschland. Alltagsbeobachtungen und Rollenverhalten sind ihre bevorzugten Themen. Jutta Bauers Zeichnungen verbinden sich mit der Erzählung zu einer selbstverständlichen Einheit. Sie beherrscht die Kunst des Weglassens. In der reduzierten Formensprache entwickeln die Illustrationen eine starke Expressivität. Der Bildraum wird mit sparsamen Mitteln eingerichtet. Auch die Königin wird mit ihren durch die Farben hervorgerufenen Gefühlen mit wenigen schwarzen Pinselstrichen (Tusche) charakterisiert. Die Königin ist eigentlich eine Figur aus der Erwachsenenwelt. Jutta Bauers Zeichnungen für Kinder sehen sonst anders aus.[63] Die Figur lebt Kraft der Umrisslinie. In der Vielfalt der Ausdrucksmöglichkeiten bezeugt sie deren Macht. Die Farben werden im Kontrast zu den abstrahierenden Tuschezeichnungen mit Buntstiftstrichen in zarten Tönen dargestellt. Die Buntstiftillustration erinnert in ihrer Frische und Unbekümmertheit an Kinderzeichnungen.

die Macht der Umrisslinie

Unterrichtsanregungen 1.–2. Schuljahr

Ziele:
- die Umrisslinie als Gestaltungselement wahrnehmen,
- Farbwirkungen erproben,
- eigene Bilder zu einer Bildfolge ordnen („Folienfilm").

Material:
- Farbstifte,
- Folien,
- transparenter Klebefilm.

a) *Umrisslinie und Farbwirkung wahrnehmen*
Das Bilderbuch regt dazu an, die Wirkung der Umrisslinie und diejenige der Farben bewusst wahrzunehmen. Zunächst werden die ersten Seiten vorgelesen und gezeigt: Malwida ruft das Blau, das Rot, das Gelb. Bevor das Grau auftaucht, kann man das Vorlesen unterbrechen. Die Kinder werden ermuntert sich vorzustellen, sie seien die Königin der Farben und könnten eine Farbe herbeirufen um mit ihr etwas zu erleben. Damit die Bilder ihre Mitteilungsfunktion nicht einbüßen, sollten die Kinder möglichst nicht von ihren Einfällen erzählen, sondern ihre Ideen in Bildern ausdrücken. Nur wenn es nötig erscheint, für zusätzliche Anregung zu sorgen, kann man sie auch vor der eigenen Gestaltung überlegen lassen, was Malwida zu sehen bekommen könnte,

eigene Vorstellungen in Bildern ausdrücken

wenn sie z.B. die Farbe Rot ruft (Feuer, rote Haare, das „Rotkäppchen", eine rote Rose, Tomaten, ein rotes Kleid usw.).

Auf der *Kopiervorlage 3* ist Malwida in unterschiedlichen Variationen zu finden. Die Kinder können eine Darstellung auswählen, ausschneiden und auf ein weißes Blatt kleben (Querformat). Sie können die Figur, wie Jutta Bauer es tut, vor oder auf eine mit schwarzem Strich schwungvoll gezeichnete Linie setzen. Schon bei der Auswahl der Figur wird die Unterschiedlichkeit der Darstellungen auffallen.

Um ein Gespräch über den Ausdruck der jeweiligen Gemütslage bzw. deren illustrative Umsetzung anzuregen, kann man zwei oder drei der Abbildungen auf der *Kopiervorlage 3* auswählen, auf eine Folie ziehen und mittels Tageslichtprojektor darbieten. Fragen wie: „Was empfindet Malwida hier wohl?" Und: „Was hat dich auf die Idee gebracht?" „Woran kannst du das erkennen?" Oder Anregungen wie: „Schaut euch die Unterschiede zwischen den verschiedenen Zeichnungen an." regen dazu an, sich der Wirkung und der Aussagekraft der Linie bewusst zu werden.

Anschließend kann man sich den Farben zuwenden. Kinder haben einen spontanen, intuitiven Umgang mit Farben. Sie sollten in der Grundschule zunehmend lernen Farbwirkungen auch bewusst wahrzunehmen. Die gegenständlich-inhaltliche Motivation betrifft hier die Wechselwirkung zwischen der Figur und ihrer zeichenhaften Ausformung bzw. der Farbigkeit. Die Kinder wählen einen Farbstift und malen ihr Bild. Im Vergleich der Bilder in unterschiedlichen Farben können sie die Qualität bzw. die Wirkung der jeweiligen Farbe bewusst wahrnehmen und deuten. Sie können die Farbe ungegenständlich verwenden oder ihr eine Form geben, vergleichbar der Illustration im Buch, in der das Rot die Gestalt eines feurigen Pferdes annimmt.

Wechselwirkungen zwischen Figur und Farbigkeit

Beim Vorstellen ihrer Bilder kann man die Kinder dazu anregen, zunächst „ihre" Malwida zu beschreiben und die anderen raten zu lassen, welche Farbe sie sich wohl herbeigewünscht hat. Dabei werden die Ausdrucksmöglichkeiten der Umrisslinie ebenso deutlich wie die Korrespondenz von Figur und Farbe. Wenn sie mögen, können die Kinder ihre Bilder kommentieren, etwa sagen, was ihnen die ausgewählte Farbe bedeutet. Im Vergleich verschiedener Bilder werden Einsichten in den Gefühlswert der Farbe gewonnen.

Gefühlswert der Farbe

b) *Bildfolge für einen „Folienfilm"*

inszeniert wie ein Film

Bei genauerem Hinsehen fällt auf, dass Jutta Bauer ihre *Königin der Farben* wie einen Film inszeniert hat. Das ist nicht verwunderlich. Der Entstehung des Bilderbuches ging ein Film voraus.[64] Die Kinder können feststellen, dass sich die Figur immer in Richtung des rechten Bildrandes bewegt, also sozusagen von Seite zu Seite weiterwandert. Um ihnen eine Vorstellung zu vermitteln von den dramaturgischen Überlegungen, die angestellt werden müssen, wenn ein Film entstehen soll, kann man sie anregen, ihre eigenen Bilder in eine Reihenfolge zu bringen. Vielleicht werden sie auf die nahe liegende Idee kommen, die Episoden nach Farben zu ordnen. Dann können sie sich, je nach der Farbe, die sie gewählt haben, zu Gruppen zusammenfinden und für ihre Bilder gemeinsam eine Reihenfolge überlegen. Die Gruppen führen einander ihre Ergebnisse vor, erzählen dazu, erläutern ihre Entscheidungen und hören die Rückmeldung der Zuschauer. Möglicherweise werden Veränderungen vorgenommen. Wenn alle Gruppen ihre Ergebnisse vorgestellt haben, kann entschieden werden, in welcher Reihenfolge die Farb-Episoden einander folgen sollen. Soll ein „Folienfilm" entstehen, werden für die Bilder der Kinder DIN A 4 Blätter im Querformat gewählt. Von den Bildern werden Farbfolien gezogen. Diese werden seitlich mit transparentem Klebeband aneinander geklebt. So entsteht eine „Filmrolle", die von einer Seite zur anderen über die Leuchtfläche des Tageslichtprojektors gezogen werden kann.

Bilder zu Handlungsfolgen ordnen

Wer das nicht ganz preiswerte Verfahren nicht realisieren kann oder möchte, kann die Bilder aneinander kleben und so einen „Rollfilm" entstehen lassen. Man kann die Bilder auch auf ein langes Stück Tapete aufkleben und diese als „Rollfilm" nutzen. Wenn der Musikunterricht einbezogen werden soll, bietet es sich an, die Bildfolge mit musikalischen Mitteln[65] zu begleiten.

einen Rollfilm herstellen

8.2.2 Seine eigene Farbe, Leo Lionni

Deutsch von Ernst Jandl. In: Frederick und seine Freunde. Gesammelte Bilderbuchgeschichten. Gertraud Middelhauve Verlag, Köln 1986.

In *Seine eigene Farbe* variiert Lionni ein altes Thema: die Suche nach der eigenen Identität. Papageien sind grün, Goldfische rot, Elefanten grau, Schweine rosa; jedes Tier hat seine eigene Farbe. Nur nicht das Chamäleon. Lionni zeigt es nacheinander gelb, rot und grün, jeweils passend zur Umgebung. „Wenn ich auf einem Blatt sitzen bleibe, werde ich allezeit grün sein. Dann werde ich meine eigene Farbe haben.", denkt das Chamäleon und klettert auf ein grünes Blatt. Es ist vorauszusehen, dass seine Farbe nicht von Dauer ist. Im Herbst wird das Blatt gelb und das Chamäleon mit ihm. Eines Tages trifft es ein anderes Chamäleon, das älter ist an Leben und Erfahrung. Dem erzählt es seine Geschichte. Die beiden beschließen zusammenzubleiben. Sie werden auch weiterhin ihre Farbe wechseln, aber sie werden einander unverändert ähnlich sein.

Suche nach der eigenen Identität

Das Bild der beiden nach dem Gespräch zeigt übereinander dargestellte Figuren, einander spiegelbildlich zugeordnet, jede im Blick der anderen. Auf der Suche nach Identität, so sagt die Geschichte, kann Vergewisserung geschehen im Erzählen der eigenen Biografie. Vergewisserung ist möglich, so wird gezeigt, im Miteinander und in der Widerspiegelung im Anderen.

Vergewisserung im Anderen

Lionni hat großes Zutrauen in das kindliche Aufnahmevermögen. Abstraktion und Stilisierung sind wesentliche Merkmale seine Arbeit. Sie unterscheiden seine Bilderwelten von der Anhäufung von Bildreizen im trivialen Bildangebot. In ihrer Einfachheit ermöglichen sie Kindern analoges Gestalten, geben ihnen gleichsam Handlungsanweisungen.

Tiergestalten als Menschen in Verkleidung

Alle Lionni-Geschichten sind Fabeln, alle Tiergestalten Menschen in Verkleidung (vgl. 8.1.1: *Der Buchstabenbaum*). Er hat folgendermaßen erklärt, weshalb er für seine Bilderbücher dieses Mittel wählt: „*Erzählen ist leichter, wenn die Situationen isoliert werden und sie die Bestimmtheit und Transparenz symbolischer Bilder jenseits unserer menschlichen Wirklichkeit gewinnen.*“[66]

Unterrichtsanregungen 2.–3. Schuljahr

Ziele:
- das Thema der Handlung (Identitätssuche) zu eigenen Erfahrungen in Beziehung setzen,
- bei der eigenen Gestaltung die Widerspiegelung im Anderen als Vergewisserung erfahren.

Material:
- Moosgummi und Holzklötze (für Stempeldruck),
- Wasserfarben.

Weil die Formen derart reduziert sind (das gilt sowohl für die Figuren als auch für die Gestaltung des jeweiligen Hintergrundes) eignen sich Lionnis Bilderbücher zu eigenen analogen Gestaltungen bzw. zur Fortsetzung von Geschichten in eigenen Bildern.

Die Darstellung der Figuren kann im Stempeldruckverfahren geschehen. (Die einfachen Formen können von Kindern aber auch frei dargestellt werden.) Für die Stempel sollten Holzplättchen besorgt werden (z.B. Abfälle aus der Tischlerei). Diese sollten nicht kleiner sein als 10 cm x 5 cm. Man misst auf dem Moosgummi die gleiche Größe aus, ritzt die Form des Chamäleons ein und schneidet es aus. Das Auge sollte ebenfalls ausgeschnitten werden, damit es beim Drucken weiß bleibt. Dann kann die Iris später (je nach gewünschter Blickrichtung) gemalt werden. Die Stempelform wird auf das Holz aufgeklebt. Es ist nicht nötig, dass für alle Kinder ein Stempel angefertigt wird. An jedem Gruppentisch sollten aber mindestens zwei vorhanden sein. Dabei ist darauf zu achten, dass jeweils zwei Stempelformen spiegelbildliche Darstellungen zeigen, damit die Figuren so angeordnet werden können, dass sie einander ansehen.

über literarische Figuren ins Gespräch kommen

Zunächst kann man den Kindern die ersten Seiten der Erzählung vorlesen und zeigen, um mit ihnen über das Chamäleon und seinen Wunsch, wie andere Tiere eine eigene und unveränderliche Farbe zu haben, ins Gespräch zu kommen. So zu sein wie andere – das ist für die meisten Kinder ein durchaus nachvollziehbarer Wunsch. Aber manchen Kindern wird auch schon bewusst sein, dass sie selbst nicht immer gleich bleiben: Sie wachsen und verändern sich. Darüber lohnt sich zu reden. Dabei werden die Kinder Lionnis Erzählung auf ihre eigenen Erfahrungen beziehen.

Auf den Bildern der ersten Seiten sieht man das Chamäleon (gelb auf einer Zitrone, gestreift auf dem Schwanz eines Tigers). Angeregt von diesen Darstellungen können die Kinder experimentieren (malen und stempeln). Sie malen Sujets (Baumstamm, Blätter, Früchte, Tiere u.a.). Dann werden die zuvor hergestellten Stempel eingesetzt. Die Kinder färben die Stempel passend zu den gemalten Sujets und setzen z.B. ein gelbes Chamäleon auf eine Zitrone, ein grünes auf ein Blatt.

malen und stempeln

Dann wird die Erzählung vorgelesen bis zu der Stelle, an der das Chamäleon dem anderen begegnet und erfährt, dass es wohl nie eine eigene Farbe haben wird. Die beiden beschließen zusammenzubleiben. Sie wissen, sie werden auch weiterhin ihre Farbe verändern, von Ort zu Ort, aber sie werden einander immer ähnlich sein. Der Fortgang der Handlung kann von den Kindern dargestellt werden, möglichst in Partnerarbeit. Dabei können sie sich eigene Fortsetzungen ausdenken. Die Aufgabenstellung impliziert einen bewussten Umgang mit den einfachen Ausdrucksmöglichkeiten (Farbgebung der Figuren, ihre Positionierung im Raum, ihre Blickrichtung). Auch wenn die Verwendung der Gestaltungsmittel während der Arbeit noch nicht bewusst geschieht, kann sie beim Gespräch über die Ergebnisse bewusst werden. Beim Vorstellen ihrer Bilder können die Kinder erzählen, was die beiden Chamäleons miteinander erleben und weshalb sie dabei glücklich und zufrieden sind.

Wenn nach dem Vorstellen und Anschauen der eigenen Bilder Lionnis Schlussszenen gezeigt und vorgelesen werden, wird die Erfahrung der eigenen Arbeit den Blick schärfen für Inhalt und Gestaltung. Bei einem solchen Gespräch wurde deutlich, dass ein Kind dem Ende der Geschichte eine Bedeutung abgewonnen hatte, die den anderen besonders gut gefiel: Die gemeinsame Freude der beiden Figuren, zu zweit vor anderen verborgen sein zu können.[67]

Die eigene Arbeit schärft den Blick für die Gestaltung des Künstlers.

Die Frage nach der eigenen Farbe steht in Lionnis Fabel stellvertretend für diejenige nach der eigenen Identität. Kinder finden das möglicherweise allein heraus, wenn sie das Erzählte auf die verschiedenen Hautfarben der Menschen beziehen. Vor allem für Kinder in multi-ethnischen Lerngruppen liegt diese Übertragung nahe. Hautfarbe und Identität kann ein wichtiges Thema sein. *Colour of His Own* heißt der Titel der englischsprachigen Ausgabe des Bilderbuches. Es ist zu überlegen, ob diese in den Unterricht einbezogen werden soll. Der Verschiedenheit der ethnischen Herkunft entspricht, das wissen auch Grundschulkinder, die Verschiedenheit der Herkunftssprachen. Lionnis Bilderbücher sind (wie die anderer Bilderbuchautoren und -illustratoren) international. Sie erscheinen in vielen Sprachen, ihre Botschaft gilt grenzüberschreitend. Das könnte deutlich werden, wenn die Kinder Ausgaben in verschiedenen Sprachen vergleichen: Viele Sprachen (Farben), aber eine Botschaft.

„Colour of His Own“: Hautfarbe und Identität

8.2.3 Stimmen im Park, Anthony Browne

Aus dem Englischen von Peter Baumann, Lappan Verlag, Oldenburg, 2. Aufl. 1999.

Die Geschichte ist einfach und hintergründig zugleich. Zwei Erwachsene und zwei Kinder treffen zufällig in einem Park zusammen: eine reiche und verdrießliche Mutter mit ihrem Sohn, ein arbeitsloser Vater mit seiner Tochter. Viermal beginnt und endet die Geschichte und jeweils sehen wir den Park mit den Augen einer der Figuren. Reich und Arm treffen aufeinander, ebenso Kinder und Erwachsene. Während die Erwachsenen kaum Notiz voneinander nehmen, nähern sich die Kinder einander an und spielen schließlich unbekümmert miteinander. Sie nehmen einander wahr und erleben die Freude des Zu-Zweit-Seins.

vier Sichtweisen, vier Episoden

Browne lässt in vier Episoden jeweils eine „Stimme" zu Wort kommen. Die erste ist die der Mutter. Im Kommando-Ton dirigiert sie Hund und Sohn. Steif und freudlos ist ihr Aussehen, abweisend und kalt ihr Verhalten. Sie nimmt kaum etwas wahr. Ihr Erleben spiegelt eine herbstliche Landschaft wider. Für den arbeitslosen Vater ist es Winter. Er vertieft sich im Park in eine Zeitung, um die Stellenangebote zu lesen. Auch Charles, das einsame Kind, betritt einen winterlich kahlen Park. Je mehr er allerdings in die sommerlich-heitere Welt des Mädchens „Sonnenschein" eintaucht, um so frühlingshafter wird es um ihn. In den Szenen, in denen die Kinder miteinander spielen, wird der Park zu einer Wunderlandschaft, in der Heiterkeit und Farbe dominieren, in der sich Bäume in riesige Früchte verwandeln und Statuen in Mitspieler.

Während man Mutter und Sohn in gepflegter Umgebung sieht, führt der Weg von Vater und Tochter durch eine Vorstadtstraße, an einer Backsteinmauer entlang, im Hintergrund die gleichförmigen Fassaden hoher Wohnblocks. Wenn der Vater aber mit „Sonnenschein" den Park verlässt, verwandelt sich die triste Straße in eine fantastische nächtliche Bühne voller Farbe und Licht.

Browne stattet die Figuren wie in vielen seiner Bücher mit Gorillagesichtern aus und schafft so die Möglichkeit, die Erzählung auf eine absurdkomische Ebene zu rücken, die Spielraum lässt für surreale Motive. Kunst- und Selbstzitate lassen das Dargestellte zu einem merkwürdigen Kosmos mit doppeltem Boden werden. „Mit dem genauen Blick auf den Alltag und dem fremden Blick auf das Vertraute hat er Zwischenwelten geschaffen, die sich zwischen realen und imaginierten Orten, zwischen Innen- und Außenwelten ansiedeln, in denen sich realistische und surrealistische Blicke kreuzen und in denen sich Kind und Kunst berühren."[68] Vor allem Bildzitate René Magrittes sind wie ein Markenzeichen Brownes. Margrittes Wahrnehmungsirritationen werden sowohl im direkten Bildzitat als auch in freier Variation verarbeitet. So verbinden sich Vorstellungen von der „Magischen Weltsicht" des Kindes mit surrealen bzw. surrealistischen Bildauffassungen. Brownes Rückgriff auf

Kosmos mit doppeltem Boden: Kunst- und Selbstzitate

Werke der Kunstgeschichte hat, so Jens Thiele, dem Bilderbuch einen bildnerischen Innovationsschub gegeben.[69]

In diesem Bilderbuch gibt es unendlich viel zu entdecken: Bäume, die wie Hüte geformt sind, Frühling und November in einem Bild, ein Karussell in sommerheller Beleuchtung, über dem sich ein Nachthimmel ausbreitet, King-Kong auf einen Hochhausdach, Mary Poppins mit ihrem Schirm in der Luft über dem Park. Lauter Details, die dazu anregen, darüber nachzudenken, weshalb sie wohl auf den Bildern zu finden sind.

unendlich viel zu entdecken

Die Aufforderung, den Park mit den Augen der Besucher jeweils neu und anders zu betrachten, setzt sich in der Typografie fort. Jede der „Stimmen" hat ihre eigene Schrift: eine serifenbetonte Antiqua für die „Stimme" der Mutter, eine nüchterne Groteskschrift für die des Vaters, eine hauchzarte Egyptienne für den schüchternen Charles und eine kräftige, der Handschrift nahe Schrift für Sonnenschein.[70]

Unterrichtsanregungen 3./4. Schuljahr

Ziele:
- Eindrücke zu Verhaltensweisen der Figuren austauschen,
- die bildliche Darstellung des Parks zu den Figuren in Beziehung setzen,
- Bilder von René Magritte kennen lernen, um Bildzitate erkennen zu können.

a) *Eindrücke über Verhaltensweisen der Figuren austauschen*
Der Text des Bilderbuches sollte zunächst vorgelesen werden, ohne dass die Kinder die Bilder betrachten. Nach der ersten Episode kann überlegt werden, wer hier spricht. Auch ohne Bilder können die Kinder schließen, dass eine Frau erzählt, die mit ihrem Sohn und ihrem Hund in den Park geht. Auffallen könnte, dass die Aufmerksamkeit der Mutter mehr dem Hund und dem Mittagessen gilt als dem Jungen. Erstaunen kann, dass Charles mit „Sitz!" und „Hier" aufgefordert wird, sich neben die Mutter auf eine Parkbank zu setzen und dass sie seine Abwesenheit eine Zeit lang nicht bemerkt. Außerdem wird deutlich, dass die Mutter die Begegnung zwischen Charles und dem Mädchen, das er im Park trifft, nicht mit Wohlwollen betrachtet. Wenn die Kinder ihre Eindrücke über die Figur austauschen, wird eine erste Charakterisierung entstehen. Ähnlich könnte man nach den weiteren Episoden mit den Kindern über ihre Vorstellung von der jeweiligen Figur ins Gespräch kommen. Die Vorgehensweise hat den Vorteil, dass die Kinder eigene Vorstellungsbilder von den Figuren entwickeln können. Vielleicht mögen sie diese auch in Bildern zum Ausdruck bringen.

Wer spricht hier?

Wenn alle vier Episoden vorgelesen sind, ist ersichtlich, dass es um vier unterschiedliche Erlebnisweisen geht und dass der Aufenthalt im Park für die Kinder zur erfreulichen Begegnung wird, während die Erwachsenen einander fremd bleiben.

unterschiedliche Erlebnisweisen herauslesen

b) *Darstellung des Parks zu den Figuren in Beziehung setzen*
Nachdem die Kinder den Text kennen gelernt haben, werden die Bilder des Bilderbuches gemeinsam betrachtet. Dabei kann man die Kinder ermuntern alles zu sagen, was ihnen auffällt und welche Einfälle und Assoziationen ihnen dabei in den Kopf kommen. Der atmosphärische Wechsel, der sich mit dem Wechsel der Gestalten ergibt, wird bemerkt werden, auch die jahreszeitlichen Veränderungen, etwa die karge Winterlandschaft, die Charles sieht, und im Kontrast dazu die sommerliche Farbenpracht, die er mit „Sonnenschein“ erlebt. Beim Vergleich der Seite, auf der „Sonnenschein“ und der Vater in den Park gehen, mit derjenigen, auf der sie auf dem Rückweg sind, lassen sich viele Beobachtungen anstellen: Obwohl es später am Tag ist, ist die Szene, vor allem um Sonnenschein und den Vater, in helles und freundliches Licht getaucht. Die Straßenlaterne hat sich in ein Schneeglöckchen verwandelt, die Hochhausfenster zeigen statt kaltem Grau bunte Stern- und Herzformen; an den Ästen der Bäume funkeln Blüten-Sterne. Mona Lisa, die Gestalt mit Rembrandt-Kragen, und der Weihnachtsmann, eben noch als unglückliche Gestalten gezeigt, tanzen beschwingt.

Veränderungen und Verfremdungen entdecken

c) *Bilder von René Magritte kennen lernen, um Bildzitate erkennen zu können*
Möglicherweise haben einige Kinder die (verfremdete) Darstellung der Mona Lisa bereits erkannt. Sie könnten sich fragen, weshalb sie (ähnlich wie der Weihnachtsmann) im Bilderbuch auftaucht. Hier ergibt sich für die Lehrerin/den Lehrer die Überlegung, ob die Kinder lediglich erfahren sollten, dass Bilderbücher für Kinder und für Erwachsene gedacht (doppelt adressiert) sind und dass viele Erwachsene das Auftauchen solcher Zitate und Anspielungen „lesen“ können und sich daran erfreuen, oder ob der Versuch gemacht wird, Kindern etwas von dem Vergnügen zu vermitteln, Bilder auf unterschiedlichen Ebenen zu lesen. Da diese Art des Lesens detektivischen Spürsinn und Kombinationsvermögen erfordert, sind Kinder durchaus dafür zu gewinnen.

Zitate und Anspielungen „lesen“

Das Spiel mit der Kunst in der Kunst gehört zum Grundbestand ästhetischer Vermittlung. Es ist schon deshalb nahe liegend, weil jedes Werk in einem Traditionszusammenhang steht und sich auf vorhergegangene bezieht. Bewusst verwendete Anspielungen und Zitate sind in der Literatur und in der bildenden Kunst ein Mittel, verdeckte und offene Beziehungen herzustellen. Diese schreiben den Bildern eine zweite Stufe ein, die zugleich eine poetische Durchdringung der dargestellten Realität bewirkt. Immer sind Anspielungen und Zitate auch ein – oft augenzwinkerndes – Verständigungsangebot des Künstlers an den Leser/Betrachter.

Dass Browne in dieses Spiel die Kinder einbeziehen möchte, lässt sich z.B. herauslesen aus der Idee, den Weihnachtsmann in zwei Bilder zu integrieren. Dies verweist auf das Verfahren, etwas aus anderem Kontext Bekanntes in das Werk aufzunehmen. Das Mona-Lisa-Zitat kann sozusagen als die nächste „Lese-Stufe“ angesehen werden.

Die Magritte-Anspielungen sind für Kinder kaum ohne Anleitung wahrzunehmen. Der Versuch ist aber lohnenswert, gerade diese lesbar zu machen, um ihnen eine Vorstellung vom Reiz des Spiels mit Bildzitaten und -anspielungen zu vermitteln. Dazu können unterschiedliche Bildbände zum Stöbern und Entdecken angeboten werden, z.B. *Die Geheimnisse des René Magritte*, Prestel 1996. Wer eine gezielte Hinführung vorzieht, kann z.B. auf die Abbildungen in Uwe M. Schneedes Magritte-Band in der Reihe der DuMont Taschenbücher zurückgreifen. Geeignet ist die Betrachtung einer Abbildung des 1954 entstandenen Bildes *Das Reich der Lichter*. Es enthält als Bestandteil einer (im Vordergrund) nächtlichen Szene vor taghellem Himmel die von Browne zitierte Laterne. Außerdem bietet sich eine Abbildung des 1928 entstandenen Bildes *Der falsche Spiegel* an. Hier sind, ähnlich wie in Brownes Darstellung der Laternen, Himmel und Wolken im Innern eines Auges zu sehen. Im gleichen Band ist das 1964 entstandene Bild *Der Mann mit der Melone* zu finden, das Analogien aufweist zu den unterschiedlichen Hutformen im Bilderbuch. Auf der Rückseite des Buches befindet sich zudem ein Foto des Malers mit dem typischen Herrenhut (Melone).[71]

Spiel mit Bildzitaten

Wenn möglich sollten Farbkopien der drei genannten Magritte-Bilder an die Wandtafel geheftet werden, damit sie gleichzeitig mit einer Bilderbuchseite betrachtet werden können. Geeignet ist die Illustration, die Charles in Rückenansicht auf dem Weg in den Park zeigt, rechts die „Magritte-Laternen" mit Himmel und Wolken, oben ein schwarzer Hut, im Hintergrund Baum und Wolken in der Form eines Hutes. Von der farbigen Abbildung kann eine Folie hergestellt werden (vgl. Farbabbildung S. III).

Bei der Betrachtung wird den Kindern auffallen, dass die Gestalt des Jungen einen Schatten wirft, der nicht sein eigener sein kann, weil er nicht mit seiner Gestalt übereinstimmt. Die Frage ist also, wer hier seinen Schatten in das Bild wirft. Hutformen sind im Bild mehrfach zu entdecken: auf den Laternen, im Baum, in den Wolken. Sie stimmen mit der des Schattens überein. Zweimal taucht auf den oben genannten Abbildungen ein Hut auf: im Bild (Der Mann mit der Melone) und auf dem Foto des Malers. Auch wenn die Form des Hutes von Browne variiert wird, ist unschwer zu entdecken, dass es hier Bezüge gibt. Ebenso lassen sich Bezüge zwischen den Bildmotiven der Bilderbuchseite und den beiden Bildern *Das Reich der Lichter* und *Der falsche Spiegel* entdecken.

Viele von Magrittes Bilderfindungen beruhen auf dem Einfall, die gewohnte Erscheinung der Dinge in eine andere, poetische Ordnung zu überführen. Logik und Kausalität werden außer Kraft gesetzt. Magrittes Verwandlungen bringen zur Anschauung, was man denken, nicht aber in der Realität sehen kann. Er spielt virtuos mit dem Vereinen von Gegensätzen, mit dem Vertauschen und Versetzen von Bildelementen.

Vertauschen und Versetzen von Bildelementen

Um den Kindern die Möglichkeit zu geben, das Verfahren in eigenen Bildern anzuwenden, kann man ihnen vorschlagen, weitere Magritte-Bilder zu betrachten und Bildgegenstände, die sie reizvoll finden, für eigene Gestaltungen auszuwählen, auszuschneiden und in eigene Bildzusammenhänge zu integrieren.

8.2.4 Aufstand der Tiere oder Die neuen Stadtmusikanten, Müller, Jörg (Illustrationen) / Steiner, Jörg (Text)

Sauerländer, Aarau, 2. Aufl. 1995.

Rückgriff auf ein literarisches Vorbild

Mit ihrer Neuerzählung des Grimmschen Märchens greifen Jörg Müller und Jörg Steiner ein literarisches Vorbild auf, um komplexe und kritische Widerspiegelungen unserer von den Medien bestimmten Realität zu inszenieren. Handlungsort ist eine kühle Großstadtwelt mit Hochhäusern, Leuchtreklamen, Straßenschluchten und elenden, dunklen Vorortgegenden. Die ersten Szenen spielen in einer Werbeagentur, Schwindel erregend der Blick aus der oberen Etage eines Hochhauses in die Straßenschlucht. Die Helden der Geschichte sind Embleme der Werbeindustrie. Lange hat die Eule als Verkaufsmaskottchen für Sonnenbrillen gedient. Sie will nicht weiter vermarktet werden, auch nicht für die Buchbranche. Vielleicht und gerade, weil ihr Bücher vertraut sind. Sie beschließt davonzulaufen. Als Anleitung zum Aufbruch dient das Märchen *Die Bremer Stadtmusikanten.* Analog zum Märchen ruft sie ihre Leidensgenossen auf mitzukommen. Der Panda, Werbeträger für Umweltschutzideen, das Sportpullover-Krokodil und der Kühlschrank-Pinguin folgen ihrem Vorschlag. Gemeinsam machen sie sich auf, um in Disneyland Stadtmusikanten zu werden.

Zu viert ziehen sie los. Niemand nimmt Notiz von ihnen, zu selbstverständlich gehören ihre Embleme zum Straßenbild. Müde vom ungewohnten Laufen gelangen sie an eine Tankstelle am Rand einer Schnellstraße. Hier, im Niemandsland der Stadt, machen sie erschöpft Rast. Um die Freunde aufzumuntern, malt die Eule ihre Vorstellung einer Karriere als Konzertpianistin aus. Die anderen erzählen von ihren Wunschträumen: Das Krokodil möchte Sänger in einer Rock-Band werden, für den Panda kommt nur Folk-Musik in Frage, der Pinguin sieht sich als Bandoneon-Spieler, der in einer hellen Mondnacht Tangos spielt. Was sich die Tiere ausmalen, wird von Müller in großformatigen Bildern gezeigt. Auch die individuellen Traumbilder erscheinen als Produkte der Medienwelt.

Traumbilder als Produkte der Medienwelt

Der Tankstellen-Tiger faucht dazwischen. Das erinnert die Tiere an ihr Vorhaben. Gestärkt durch die verlockenden Vorstellungsbilder ziehen sie weiter. Am Ende der Straße entdecken sie ein beleuchtetes Haus. Nach literarischem Vorbild brechen sie in das Haus ein und geraten in das Innere eines Fernsehgebäudes. Sie werden erkannt und fliehen vor ihren Verfolgern, bis sie auf einer hell erleuchteten Bühne stehen. Der Direktor weiß die Situation zu nutzen. Er engagiert die Tiere; sie sollen ihren Aufbruch nach dem Muster der

Bremer Stadtmusikanten in einer Fernsehserie darstellen. Das Krokodil und der Pinguin sind ohne Mühe zu gewinnen, die Eule bittet sich Bedenkzeit aus, auch sie stimmt schließlich zu. Der „Aufstand" der Tiere endet also kläglich in einer neuen Form der Vermarktung. Nur der Panda geht einen eigenen Weg. Während die anderen Tiere im Gespräch mit dem Direktor gezeigt werden, unterhält er sich abseits mit einem Musiker. Am Ende geht er ohne ein Wort davon. Dies ist die Binnengeschichte.

Binnengeschichte und Rahmenhandlung

Sie wird begleitet von einer textfreien Rahmenhandlung, die beim Aufblättern ersichtlich ist. Das Buch wird als Fernsehfilm präsentiert. Alle Seiten haben die leicht unscharfe Kontur eines Bildschirmrandes. Auf den Vorsatzblättern sieht man die flimmernde Mattscheibe im Moment des Einschaltens. Der Innentitel zeigt die vier Tierfiguren vor einem Fernsehgerät, bereit, den Film ihrer eigenen Geschichte anschauen. Auf der Impressum-Seite flackert im Bildschirm die erste Szene der Binnenhandlung auf. Sie ist auf der rechten Buchseite deutlich zu sehen. Textfreie Rahmenhandlung und Binnengeschichte stehen in einem Spannungsverhältnis, das Rätsel aufgibt. Wenn das Ganze ein Fernsehfilm ist, wie verhält es sich dann mit dem Aufbruch der Tiere? Was ist mit dem Panda? Ist sein Weggehen am Ende nur Teil einer Inszenierung? Dem widerspricht das Schlussbild. Es zeigt den Panda mit Gitarre vor den Auslagen eines Schaufensters, in dem Fernsehapparate ausgestellt sind. Alle zeigen ein Szenenbild mit Krokodil, Eule und Pinguin, die Rolle des fehlenden Pandas nimmt der rosarote Panther ein.

fotografisch-filmische Bildinszenierungen

Bemerkenswert ist der Anspielungsreichtum des Bilderbuches. Neben dem literarischen Zitat finden sich solche aus der Kunst (Magritte, Warhol). Vor allem aber zitiert das Bilderbuch die Medienkultur und veranschaulicht so die Künstlichkeit medialer Realität. Mediale Sichtweisen im Sinne fotografisch-filmischer Bildinszenierungen sind z.B. der bewusste Wechsel von „Einstellungsgrößen" der Bilder, extreme Auf- bzw. Untersichten, perspektivische Dehnungen oder Stauchungen. Die Bilder animieren zum Hinschauen und fordern zugleich zum Nachdenken heraus. Mehrfaches Betrachten lohnt, es eröffnet unterschiedliche Lesarten und Deutungsmöglichkeiten.

Um dieses Bilderbuch entbrannte nach seinem Erscheinen (bzw. nach seiner Prämierung mit dem *Deutschen Jugendliteraturpreis* 1990) eine heftige Diskussion. Weitgehend einig war sich die Kritik darüber, dass dieses Buch Erkenntnisprozesse fordert, die Kindergartenkinder (als die übliche Adressatengruppe des Bilderbuches) nicht leisten können. Auch kleinere Kinder haben aber durchaus einen Zugang zu diesem ungewöhnlichen Bilderbuch. Das mag vor allem an der Darstellung der Tiere liegen. So hat z.B. der Bär (wie die übrigen Tiere gemalt in Airbrush-Technik mit schwarzer Umrisslinie) mit seinen Kulleraugen Züge des Kindchenschemas. Er löst, dem Auftrag solcher Figuren folgend, Sympathiereflexe aus.[72]

die literarische Vorlage

Ein Vergleich mit dem Text der Brüder Grimm, so nimmt ten Dornkaat an, führe nicht grundsätzlich zu neuen Aspekten für das Verständnis des literarisches Lernen als Voraussetzung

Bilderbuchs. Das mag aus der Sicht des erwachsenen Rezipienten zutreffen. Für Kinder gilt aber, dass der Hintersinn der Geschichte nicht verstanden werden kann, wenn die literarische Vorlage nicht bekannt ist. Und dies ist, vor allem in multikulturellen Lerngruppen, nicht vorauszusetzen.

Die Erzählung von den Tieren, die sich aus Angst geschlachtet zu werden auf Wanderschaft begeben, um einen neuen Lebensraum und eine neue Aufgabe zu suchen, ist von den Brüdern Jacob und Wilhelm Grimm 1819 in die zweite Auflage der *Kinder- und Hausmärchen* aufgenommen worden. (Das Motiv der musizierenden Tiere entstammt der mittelalterlichen Schwankmotivik, die Erzählung von der Besetzung eines leer stehenden Hauses und der Vertreibung der wiederkehrenden Besitzer ist älter.)

Ein Esel, der geschlachtet werden soll, läuft davon und nimmt sich vor in Bremen Stadtmusikant zu werden. Der zukünftige Stadtmusikant sammelt drei weitere Tiere auf und weist jedem eine passende Rolle im gemeinsamen Spiel zu: dem Hund das Trommeln, der Katze das Singen, dem Hahn das Krähen. Der Hahn erspäht Licht und sie gelangen zu einem einsamen Haus, in dem der Tisch reich gedeckt ist. Daran tafeln Räuber. Es kommt zu einer schauerlichen Darbietung der „Musikanten“ und die Bewohner werden in die Flucht geschlagen.[73]

Märchen als Spiegel der realen Welt

Märchen können durchaus als Spiegel der realen Welt gelesen werden.[74] So gibt es z.B. auch in deutschsprachigen Märchen gelegentlich örtliche Anknüpfungen wie in den *Bremer Stadtmusikanten*, deren zentrale Aussage sozialkritische und sozialutopische Aspekte enthält. In den Bereich der Sozialkritik fällt die Darstellung des Tieres, das nicht mehr dienen kann und nur Unbarmherzigkeit zu erwarten hat, ebenso die des Räubers als asozialem Schädling. Der sozialutopische Aspekt des Grimmschen Märchens, in dem es den Unterdrückten gelingt, gemeinsam einen neuen Lebensraum zu erobern, wird von Müller/ Steiner umgedeutet. Sie zeigen (abgesehen von der Offenheit, die mit dem Weggehen des Panda verbunden ist) die Geschichte eines gescheiterten Versuchs.

Unterrichtsanregungen 3.–4. Schuljahr

Ziele:
- Das Grimmsche Märchen als Vorläufer des Bilderbuches kennen lernen,
- Übereinstimmungen und Unterschiede zwischen Märchen und Bilderbuch herausfinden,
- Bilder in Bewegung bringen: Rollbilder herstellen.

a) *das Märchen als Vorläufer des Bilderbuches kennen lernen*
Zunächst sollte das Bilderbuch vorgelesen bzw. gezeigt werden. Es wäre schön, wenn mehrere Exemplare gekauft oder ausgeliehen werden könnten, dann

Illustration von Roland Topor (links), Roberto Innocenti (rechts)

Beispiele von Walt Disney

Attilio Mussino

Sabine Friedrichson

ALPHABET
KVĚTA PACOVSKÁ

„Wer spricht denn da vom Kopf in den Sand stecken?“ sagte eine laute Stimme. „Wenn es ums Fortlaufen geht, will ich auch dabei sein!“ – und vom Zeichentisch erhob sich die lange Schnauze eines Krokodils. „Mit mir treibt nämlich mein Herr schon lange ein übles Spiel“, sagte es. „Ich habe vernommen, daß er mich bei nächster Gelegenheit an eine andere Firma verkaufen will.“
„Ja, Undank ist der Welt Lohn“, sagte die Eule; „aber zusammen sind wir stark; so leicht lassen wir uns nicht unterkriegen.“
Roger Rabbit
CINEMA
FOTO COPIES

Einmal, in einer stürmischen Nacht, hielt der große Wind, der die Welt umweht und alles sieht und alles kennt, vor Dezembers Schloß an, um ihm eine kleine Geschichte zu erzählen. Nach diesem seltsamen Nachtbesuch blieb Dezember tagelang in seinem Schloß. Er spielte Flöte und baute bunte Drachen, was schon immer seine liebste Beschäftigung war. Nachdenklich ging er in seinem Schloß umher und versuchte, die Geschichte vom großen Wind zu vergessen, doch sie ließ ihm keine Ruhe mehr.
Er hatte ihm von bunten Blumen und von Vögeln erzählt, die im Frühling ihre Nester bauen und ihre Lieder singen. Auch von Bäumen, die grüne Kleider und duftende Blüten tragen, hatte er erzählt. Und von herrlichen Früchten.

Das alles konnte Dezember nicht erleben. Sobald die Glocken überall in der Welt ein neues Jahr einläuteten, war seine Zeit um. Er mußte sich in sein Bett verkriechen und schlafen. Und aufwachen konnte er erst dann, wenn die Bäume wieder kahl und die Blumen verwelkt waren.
Seine Freunde freuten sich auf das neue Jahr, er nicht.
So war es auch in dieser letzten Dezembernacht. Er saß unglücklich in seinem Bett und konnte nicht einschlafen. Er verstand nicht, warum ihm der große Wind von so wunderbaren Dingen erzählt hatte, wenn er sie doch nie erleben durfte! War er sein Freund oder war er vielleicht doch ein Bösewicht? grübelte Dezember.
Da geschah es, daß der große Wind noch einmal bei ihm hereinschaute. „Freund", sagte er, „ich weiß etwas. Diesmal darfst du März und Juni und auch den Oktober besuchen. Dann aber mußt du zu deiner Arbeit zurück!"
So sprach der Wind und wehte davon, wer weiß, wohin!
Da schlief Dezember mit einem glücklichen Lächeln ein und träumte von Abenteuern, die ihn erwarteten…

Guten Tag, Magdalena. Komm, ich erzähl dir ein Märchen.

könnten die Kinder die Bilder in kleinen Gruppen betrachten, während die Lehrerin bzw. der Lehrer vorliest. Im anschließenden Gespräch werden erste Eindrücke gesammelt. Möglicherweise empfiehlt es sich, diese schriftlich festhalten zu lassen. Dabei wird sich herausstellen, wie viele Kinder der Lerngruppe mit dem Grimmschen Märchen vertraut sind und wie gut sie es in Erinnerung haben. Wenn möglich sollten die Kinder erzählen, woran sie sich erinnern. Schon jetzt kann gemeinsam überlegt werden, weshalb Müller/Steiner diese alte Geschichte wohl neu erzählen. Die Kinder müssen auf diese Frage nicht unbedingt eine Antwort finden, es genügt, wenn die Frage ihr Interesse weckt. Inwieweit man dieser Frage nachgeht, wird vom Interesse der Lerngruppe abhängen. Wichtig ist zunächst, dass die Kinder diese Bezugnahme aufnehmen und damit die Erfahrung machen, dass Anspielungen auf Vorausgegangenes (wie Übernahmen und Zitate) in Literatur und Kunst generell zum ästhetischen Spiel bzw. zur Verständigung mit dem Leser/Betrachter gehören.

Anspielungen, Übernahmen und Zitate als ästhetisches Spiel

b) *Übereinstimmungen und Unterschiede herausfinden*
Um Gemeinsamkeiten und Unterschiede genauer herauszuarbeiten, sollte das Grimmsche Märchen herangezogen werden. In der von Heinz Rölleke herausgegebenen Ausgabe der Kinder- und Hausmärchen umfassen *Die Bremer Stadtmusikanten* etwas mehr als drei Seiten Text.[75] Dieser kann fotokopiert und in Abschnitte aufgeteilt werden. Ingrid Messelken und Antje Oloff schlagen in ihrem Unterrichtsmodell zum Bilderbuch vor, die Kinder für den Textvergleich in Gruppen arbeiten zu lassen. Jede Gruppe bekommt einen Abschnitt des Märchens und vergleicht mit dem Bilderbuch.[76] Das setzt allerdings voraus, dass mehrere Bilderbücher zur Verfügung stehen. Sollte das nicht der Fall sein, kann das Märchen vorgelesen werden, um augenfällige Übereinstimmungen und Abweichungen zusammenzutragen.

mehrere Bilderbücher bereitstellen

Um den Vergleich fokussieren zu können, kann von der *Kopiervorlage 4* für jedes Kind ein Abzug gemacht werden. Die Kopiervorlage enthält einen längeren und drei kurze Textauszüge. Diese sollten mehrfach vorgelesen werden, damit der Sprachton des Originals wahrgenommen werden kann. Einzelne Wendungen wie „aus dem Futter schaffen" oder „dass kein guter Wind wehte" regen an zu überlegen, was wohl gemeint ist.

Der erste Textauszug der Kopiervorlage gibt den Anfang des Märchens wieder. Die Kinder werden feststellen, dass er mit der Bilderbuchseite, in der die Eule mit dem Märchenbuch abgebildet ist, korrespondiert. Zur zweiten Textstelle können sie die Bilderbuchseite auffinden, auf der die Tiere sich nach der Begegnung mit dem Tankstellen-Tiger erneut auf den Weg machen und in der Ferne das Haus mit den vielen Lichtern entdecken. Im Text heißt es: „Sprach der Esel >so müssen wir uns aufmachen und noch hingehen.<" In einer Wasserlache erscheint spiegelbildlich eben dieser Satz, nicht vollständig lesbar: „sprach der Esel: „So müssen wir (…) hingehen." Diese Stelle macht

Widerspiegelung konkret: das Zitat in der Wasserlache

die größtmögliche Nähe der beiden Texte aus. Die nächste Textstelle auf der Kopiervorlage beschreibt den Einbruch in das Räuberhaus. Sie entspricht der Doppelseite, auf der die Werbe-Tiere in das Fernsehstudio einbrechen. Hier kann die Analogie Fernsehstudio und Räuberhaus zu denken geben. Die vierte Textstelle auf der Kopiervorlage besteht aus nur einem Satz: „Und der das zuletzt erzählt hat, dem ist der Mund noch warm." Dies ist, zumindest vordergründig, nicht schwer zu verstehen. Die Kinder werden den Satz in ihre Sprache übersetzen können. Der noch warme Mund ist bildhafter Ausdruck für das Erzählen (die mündliche Tradition) selbst. Er verweist auf die noch heute wirksame Kraft der Überlieferung, auf ihre Lebendigkeit. Im Kontext der Neuerzählung ist er auch Selbstkommentar. Müller/Steiner schließen sich mit ihrer Übernahme und Umdeutung an die Tradition des Erzählens an.

„Und der das zuletzt erzählt hat …"

Die Aufgabe für die Kinder kann hier sein, den Satz im Bilderbuch aufzufinden. Er ist, in einer Abänderung, in den Abschiedsworten des Bären enthalten, der hier im Grimmschen Tonfall spricht. „Aber seht doch, mir wird vom vielen Reden der Mund ganz warm." Wenn die Kinder bei den Gesprächen über das Grimmsche Märchen verstanden haben, dass es von einem gelungenen Aufbruch erzählt, dann können sie vielleicht auch deuten, weshalb ausgerechnet dem Panda dieser Satz in den Mund gelegt wird.

Zitate und Anspielungen entdecken

Nach dem Vergleich der Textstellen aus dem Grimmschen Märchen mit denen des Bilderbuches können die Kinder selbstständig nach weiteren Sätzen und Wendungen suchen, von denen sie vermuten, dass sie dem Märchen entstammen.

Die Funktion der Bildzitate ist mit Grundschulkindern vermutlich schwieriger zu erschließen. Dazu müsste, wie beim Text-Vergleich, eine Begegnung mit dem „Vorbild" (z.B. Andy Warhols Marilyn Monroe) stattfinden. Was wissen sie über „Alf" (im Fotorahmen, 1. Seite) oder Charly Chaplin (auf einem Monitor im Fernsehstudio)?

c) *Bilder in Bewegung bringen: Rollbilder*

Bilderbücher sind generell dem Film verwandt, weil sie in einer Abfolge von Bildern erzählen. Mediale Einflüsse lassen sich in vielen Bilderbüchern nachweisen (vgl. Kapitel 3.2.1), selten aber in einer solchen Konzentration wie in diesem Bilderbuch, das auf die Form des Fernsehfilms zurückgreift, um Werte, Inhalte und Ästhetik der Medienindustrie zu kritisieren. Medienerziehung im Sinne der Arbeit mit bewegten Bildern kann hier anknüpfen. Dabei soll es zunächst darum gehen nachzuvollziehen, wie der Eindruck der Bewegung entsteht.

mediale Einflüsse

Grunderfahrungen mit der „Trägheit der Augen" bei schnell aufeinander folgenden Eindrücken können Grundschulkinder anhand einfacher Versuche gewinnen, z.B. durch Rollbilder. Der methodische Vorschlag ist deshalb nahe liegend, weil sich die Tierfiguren auf den Bildern der ersten Seiten des Bilderbuches im buchstäblichen Sinne vom Zeichenblatt ihres Schöpfers lösen und

„lebendig" werden (vgl. Farbabbildung S. IV). Der als Entscheidung der Figuren ausgewiesene Entschluss erscheint als Autonomiegewinn.

Figuren lösen sich vom Blatt und werden „lebendig".

Für Rollbilder steht die *Kopiervorlage 5* zur Verfügung. Die beiden Bilder werden ausgeschnitten und der Anweisung entsprechend am linken Bildrand zusammengeklebt. Das obere Blatt wird um einen Bleistift gerollt. Wird dieser hin- und herbewegt, entsteht der Eindruck der Bewegung. Von den anderen Figuren können ähnliche Rollbilder hergestellt werden. Nachdem die Kinder ihre Rollbilder ausprobiert haben, sollten gemeinsam Vermutungen darüber angestellt werden, warum die Augen eine Bewegung wahrnehmen. Das „Urphänomen" der Bildverschmelzung (Grundlage jeder Zeichentrickfilmherstellung) kann von Grundschulkindern erfahrungsgemäß durchaus angemessen formuliert werden.[77] Danach bietet es sich an, die dritte Doppelseite des Bilderbuches erneut zu betrachten und gemeinsam Überlegungen dazu anzustellen, weshalb die Tiere wohl auf diese Weise verlebendigt werden.

weitere Buchempfehlungen

● Buchholz, Quint: Der Sammler der Augenblicke.
Hanser, München 1997. (3./4. Schuljahr)
Der Ich-Erzähler, ein Junge, besucht so oft er kann den Maler Max. Er schaut ihm beim Malen zu und hört seine seltsamen Geschichten. Der Maler tritt eine längere Reise an, der Junge ist mit den Bildern allein. Soweit wird die Geschichte im Text erzählt. Nun „sprechen" die Bilder. Dreizehn fotorealistische Farbzeichnungen, nur mit kurzen Begleittexten versehen, laden zum Verweilen ein und zum Ausdenken von Geschichten. Der magische Realismus der Bilder fordert mit seinen zum Teil irritierend märchenhaft-surrealen Elementen immer wieder zu Verstehensversuchen heraus – ohne dass die Bilder ihr Geheimnis verlieren. Dem Jungen sind sie fantastische Stationen, „gesammelte Augenblicke". Quint Buchholz' ruhige, minutiös ausgearbeitete Illustrationen bilden einen willkommenen Gegenpol zur Fülle der bewegten Bilder der Medien.

● Erlbruch, Wolf: Nachts.
Peter Hammer Verlag, Wuppertal 1999. (1./3. Schuljahr)
Vater und Sohn auf einem nächtlichen Ausflug: der Kleine hellwach, der Große müde. Zwei Erzählstränge laufen parallel in diesem Bilderbuch. Am unteren Bildrand ziehen wie auf einem Laufband die Sätze des Vaters vorüber. Er erklärt, wer nachts alles schläft und weshalb. Die Bilder aber erzählen etwas anderes: Skurrile Gestalten treten auf und die merkwürdigsten Dinge passieren. Ein riesiger Gorilla nimmt den Kleinen an die Hand, ein Karpfen fährt eine Erdbeere im Handkarren spazieren. Vor dem nächtlichen tiefschwarzen Himmel entstehen absurde Bühnenbilder.

Wolf Erlbruchs Nachtbilder regen zu ähnlich skurrilen Darstellungen an. Die Montagetechnik (geschnittene Farbpapiere, Versatzstücke alter Landkarten, Bildzitate wie *Mickymaus* und *Alice im Wunderland*) können Kinder dazu animieren, eigene nächtliche Vorstellungsbilder zu gestalten.

● SOLOTAREFF, GRÉGOIRE (Hrsg.): DAS KLEINE MUSEUM.
Bildauswahl von Alain Le Saux und Grégoire Solotareff. Moritz-Verlag, Frankfurt/M.. 5. Aufl. 1997. (1./4. Schuljahr)
Eine Anleitung zum Sehen im Fluss der Bilder wird hier zwischen zwei Buchdeckeln geboten. Alphabetisch geordnet tauchen Wort und Bild in seltener Kombination auf. Aus 149 Meisterwerken der Malerei versammeln die Autoren Details: Äpfel aus einem Bild van Dycks, ein Auto von Dennis Hopper, eine Birne von Millet, einen Baum von Monet, eine Kutsche von Rousseau. Rechts der Bildausschnitt, links das Wort. Unbefangen können die Kinder in diesem imaginären Museum die Welt in Ausschnitten betrachten. Ute Blaich in einer Rezension: „Lustvoller lässt sich kaum zeigen, wie schillernd schön, atemberaubend, erschreckend, sanft oder dämonisch die Künste aus vielen Jahrhunderten Dinge sehen und zeigen können. Ein Museum der Augenlust, das Kinder lehrt, zu sehen, was man sieht."

8.3 Du und ich

Kinder im Grundschulalter sind auf sich selbst bezogen und haben, wenn sie in förderlicher Umgebung groß werden, ein Bewusstsein des eigenen Wertes und der eigenen unverwechselbaren Identität. Sie sind zugleich aber auf andere bezogen. Das Bedürfnis nicht allein zu sein inmitten der anderen, von Erwachsenen und von Kindern wahrgenommen und akzeptiert zu werden, ist Voraussetzung für die Entwicklung des sozialen Selbst.

In der Begegnung mit literarischen Figuren können die Kinder sich der eigenen Identität versichern. Sie erleben die Widerspiegelung ihrer Gedanken und Gefühle, Wünsche und Bedürfnisse. In der Vorstellung kann das lesende Kind den eigenen Erlebnishorizont aber auch überschreiten. Hier liegt eine grundlegende Bedeutung ästhetischer Erfahrung: Bilder und Texte halten uns dazu an, uns in ein Verhältnis zu uns selbst zu setzen, die Bedingungen, in die wir eingebunden sind, zu begreifen und sie nicht als unveränderlich hinzunehmen. In der Freiheit der Fiktion gehen wir Handlungsmöglichkeiten nach, die in der Realität verschlossen oder unausgeschritten sind. Bilderbücher ermöglichen – wie Literatur und Kunst generell – „Selbstvergewisserung und Welterschließung"[78].

Texte und Bilder halten uns an, uns in ein Verhältnis zu uns selbst zu setzen.

Die für dieses Kapitel ausgewählten Bilderbücher handeln vom Wunsch nach Aufgehobensein und Nähe, aber auch von Brüchen in Beziehungen (Grégoire Solotareff), vom Wunsch wahrgenommen zu werden in der aus Kindersicht verkehrten Welt der Erwachsenen (Florence Parry Heide/Edward Gorey).

vom Wunsch nach Aufgehobensein und Nähe

Dem Themenkomplex der Identität und des sozialen Miteinanders widmen sich viele Bilderbücher. Am Ende dieses Kapitels werden zu den eben genannten weitere vorgestellt. Es ist sinnvoll, eine größere Auswahl in der Klasse bereitzustellen, damit jedes Kind mindestens ein Buch selber lesen kann. Die Bibliothekarinnen Ihrer nahe gelegenen Stadtbücherei stellen Ihnen auf Anfrage eine Auswahl zusammen. Vielleicht lässt sich die Ausleihe mit einem Unterrichtsgang in die Bücherei verbinden. Dann könnte jedes Kind ein Buch seiner Wahl mitnehmen.

8.3.1 Du groß und ich klein, Grégoire Solotareff

Aus dem Französischen von Erika und Karl A. Klever. Moritz-Verlag, Frankfurt/M., 4. Aufl. 1999.

die Geschichte einer ungleichen Freundschaft

Solotareff erzählt in *Du groß und ich klein* von einer ungleichen Freundschaft. Ein verwaistes Elefantenkind sucht Zuflucht beim König der Tiere, dem Löwen. Dieser interessiert sich zunächst nicht für den Kleinen, nimmt ihn dann aber doch in seinen Palast auf. Der Löwe übernimmt die Vaterrolle, der Elefant die des Sohnes. Die beiden werden unzertrennlich. Doch der Elefant wächst heran und schließlich wächst er über seinen väterlichen Freund hinaus. Es kommt zum Konflikt und zur Trennung. Nach Jahren trifft der Elefant den nun alten und schwachen Löwen auf der Straße liegend an und nimmt sich seiner an.

Die Besetzung der Handlungsträger mit Tierfiguren lässt Elemente der Fabel erkennen. Die Erzählung enthält zudem Züge der Parabel und Elemente des Märchens. So beginnt sie z.B. mit der Märchenformel „Es war einmal“ und am Ende wird die Krone, Requisit des Märchens, abgelegt. Der Gegensatz von Klein und Groß entspricht dem von Alt und Jung, wobei die Pointe der Figurenkonstellation in dem in der Natur angelegten Größenunterschied der beiden Tiere liegt, von dem auch jüngere Kinder wissen.

Erzählt wird auch von Brüchen und Rissen einer Beziehung.

Mit Humor und Ernsthaftigkeit erzählt die Geschichte vom Wunsch nach Nähe und Aufgehobensein, von Ergebenheit und Bewunderung auf der einen Seite, von Zuwendung, Fürsorge und Macht auf der anderen. Sie erzählt auch von Brüchen und Rissen in der Beziehung zwischen den Generationen. „Du groß und ich klein“, so hat Solotareff in einem Interview gesagt, sei eigentlich das Thema aller Kinderbücher.[79]

Der in Frankreich lebende Bilderbuchkünstler (1953 in Alexandria/ Ägypten geboren) hat für die komplexe Geschichte Bilder geschaffen, die auf wenige Motive reduziert sind. In ausdrucksstarken Illustrationen verwendet er die drei Grundfarben Blau, Rot und Gelb. Die Figuren sind durch schwarze Konturen hervorgehoben. Das Gelb des Löwen bildet einen ausdrücklichen Gegensatz zum Grau des Elefanten. Die rote Hose des Elefanten und der rote Königsmantel des Löwen korrespondieren miteinander. Wichtig sind Mimik und Gestik der Figuren: Sie drücken ihre Befindlichkeiten aus, von denen der Text nicht spricht.[80]

Unterrichtsanregungen 1.–3. Schuljahr

Ziele:
- zum Titel des Buches assoziieren, um Einsicht in die Figurenkonstellation zu gewinnen,
- wahrnehmen, dass Farben Empfindungen und Stimmungen ausdrücken können,
- die Innensicht der Figuren nach eigener Vorstellung entfalten (Denk- oder Sprechblasen-Texte),
- szenisch interpretieren: ein Standbild bauen,
- ein eigenes Bilderbuch gestalten.

Material:
- deckende Grundfarben, Pinsel

a) *zum Titel assoziieren*

Vermutungen anstellen

Der Titel definiert einen gravierenden Unterschied: „Du groß und ich klein", das ist die Formel für einen Tatbestand, der nicht leicht zu akzeptieren ist. Es ist die Sicht des unterlegenen Kindes. Und welches Kind möchte nicht groß und stark sein? Wenn zunächst der Titel des Bilderbuches (ohne Illustration) vorgestellt (z.B. an die Tafel geschrieben) wird, können die Kinder Vermutungen darüber anstellen, wer hier zu wem spricht. Die Mutmaßungen werden unterschiedlich ausfallen: Hier kann ein Kind zur Mutter/Großmutter oder zum Vater/Großvater sprechen, zur großen Schwester/zum großen Bruder oder zum größeren Freund. Trägt man die Assoziationen zusammen, so ergibt sich ein Spektrum an Möglichkeiten, das die Unterschiedlichkeit der hinter dem „Du" und dem „Ich" verborgenen Figuren bewusst macht. Das Grundmuster der Figurenkonstellation wird deutlich werden.

Später kann beim Vergleich mit den Figuren des Bilderbuches überdies erfahrbar werden, dass die literarischen Gestalten sozusagen Menschen in Verkleidung sind. Die Botschaft, das verstehen auch kleinere Kinder, gilt nicht den Tieren, sondern uns.

b) *Farbwirkungen erproben*

Solotareff verwendet die Grundfarben Blau, Rot und Gelb. Die Figuren werden durch schwarze Konturen hervorgehoben. Die innere Nähe von Löwe und Elefant wird durch die Farbe Rot betont. Diese beherrscht auch zwei Doppelseiten, die das Innere des Palastes zeigen (vgl. Farbabbildung S. V).

den Empfindungswert der Farben erfahren

Um mit den Kindern über den Empfindungswert der Farben ins Gespräch zu kommen, kann man das Vorlesen/Zeigen des Bilderbuches nach der Doppelseite 10/11 unterbrechen und sie ermuntern, den Raum, der hinter der blauen Tür liegen mag, mit einer Farbe für Wände und Boden so auszugestalten, wie sie ihn gern sehen würden. Um deutlich zu machen, dass keine detailreiche Darstellung nötig ist, kann man ihnen sagen, dass dieser Raum nur das Bett des Löwen-Königs enthält. Zur Auswahl stehen sollten deckende Farben in den Grundtönen und Pinsel, die flächendeckendes Malen ermöglichen.

Die Ergebnisse können zum Anschauen für alle zugänglich gemacht werden (auf dem Boden ausgebreitet oder aufgehängt). Die Kinder äußern ihre Beobachtungen und Eindrücke, kommentieren, wenn sie mögen, die eigene Farbwahl. Dabei wird die emotionale Qualität der Farben zum Thema.

Ergebnisse zugänglich machen

Wenn anschließend die Seiten 16/17 des Bilderbuches gemeinsam betrachtet werden, kann Solotareffs Entscheidung, die Doppelseite (als monoszenisches Bild) insgesamt in warmes Rot zu tauchen, bewusst wahrgenommen und kommentiert werden.

c) *Innensicht der Figuren entfalten*

Gedanken und Empfindungen der Figuren werden in der Erzählung weitgehend ausgespart. Derartige Aussparungen wirken generell als Anregung die „Leerstelle“ mit eigenen Vorstellungen zu füllen.

Aussparungen mit eigener Erfahrung füllen

So bietet die Erzählung mehrere Möglichkeiten aufzuschreiben, was der kleine Elefant wohl denkt oder empfindet, wünscht oder träumt. So etwa auf Seite 11 des Bilderbuches (Der kleine Elefant vor der blauen Tür des Palastes). Auf den folgenden Seiten sind die Figuren jeweils gemeinsam abgebildet, hier können Gedanken und Empfindungen beider Figuren aufgeschrieben werden. Wer die Kosten nicht scheut, könnte eines der farbstarken Bilder in einer Fotokopieranstalt vergrößern lassen. Wenn Denk- oder Sprechblasen in unterschiedlichen Farben vorbereitet werden (z.B. grau für den Elefanten, gelb für den König), können die Kinder wählen, in welche der Figuren sie sich hineinversetzen möchten. Sie schreiben ihre Einfälle auf und heften ihre Denk- oder Sprechblase zur Abbildung (z.B. an die Tafel). Weniger aufwändig ist es, den Kindern die *Kopiervorlage 6* anzubieten. Sie zeigt die beiden Figuren in Rückenansicht. Die Darstellung ist durch Denkblasen ergänzt. Wenn die Kinder ausführlicher schreiben möchten als die Denkblasen es erlauben, sollten sie dazu auf einem separaten Blatt die Möglichkeit haben.

Die Unterschiedlichkeit der Einfälle wird den Kindern erste Einsichten in die Tatsache vermitteln, dass literarische Texte und Bilder vom Leser/Betrachter in je subjektiver Weise konkretisiert werden, weil jeder von uns dem Text/dem Bild mit seinen Wahrnehmungs-, Denk- und Deutungsmustern begegnet.

d) *szenisch interpretieren: ein Standbild bauen*

Standbilder sind Darstellungen, sozusagen Momentaufnahmen, mit deren Hilfe literarische oder erlebte Situationen gedeutet werden. Interpretiert wird dabei nicht nur durch das bildliche Arrangement, sondern auch durch die Bedeutung, die Zuschauer den Haltungen, der Gestik und Mimik der Darstellenden zuschreiben.

Standbilder als Möglichkeit, Leseerfahrungen sichtbar werden zu lassen

Das Standbild ist ein Element der Szenischen Interpretation.[81] Diese versucht, mit den Mitteln des szenischen Spiels einen Prozess in Gang zu bringen, bei dem Leseerfahrungen sichtbar werden. Die szenische Interpretation eröffnet Möglichkeiten, sich in Figuren einzufühlen, Handlungen an ihrer Stelle zu erproben und in ihrer Wirkung zu erfahren. Dabei bleibt der Text Bezugspunkt für die Verstehensversuche. Es geht darum, die eigene Wahrnehmung einer Figur, einer Textstelle, für andere darzustellen und zugleich bei der Begegnung mit dem Text die Widerspiegelung eigenen Erlebens, eigener Empfindung, zu erfahren, um über diesen „Umweg" den Text besser zu verstehen. Das Standbild kann also als eine wirkungsvolle Methode der Texterschließung angesehen werden, die auch für die Grundschule gut geeignet ist.

sich in literarische Figuren einfühlen

Standbilder brauchen Mitspieler, die sich aufstellen lassen: hier den Elefanten und den Löwen sowie eine Standbildbauerin/einen Standbildbauer. Aufgabe des Standbildbauers ist es, das Bild nach seiner Vorstellung zu formen. Soll z.B. das Bild auf Seite 19 des Bilderbuches nachgestellt werden (Elefant und Löwe in Rückenansicht), so positioniert der Standbildbauer die beiden Darsteller, formt die Körperhaltung (die im Rücken zusammengelegten Hände des Löwen, die Hand des kleinen Elefanten am Mantel des Löwen). Das Bild wird einen Moment angehalten, dann sprechen zunächst die beiden Darsteller, z.B.: „Ich als der kleine Elefant habe mich am Mantel des Löwen festgehalten. Ich glaube, er wollte mir nicht die Hand geben." Der Löwe könnte sagen: „Ich habe gedacht, da hast du nun so ein kleines Anhängsel." Dann können die Zuschauer, ebenfalls aus der Perspektive einer der Figuren, ihre Gedanken und Empfindungen zum Ausdruck bringen. Ähnlich wie beim Schreiben aus der Perspektive der Figuren, aber noch unmittelbarer, werden unterschiedliche Konkretisierungen deutlich. Damit wird zugleich auch die Unterschiedlichkeit der Wahrnehmungen ersichtlich.

e) *ein eigenes Buch gestalten*

Auch andere als die auf der Kopiervorlage vorgeschlagene Stelle im Bilderbuch laden zum Schreiben ein. So etwa die Seite 26/27, auf der es heißt: *„So kann das nicht weitergehen", sagt der König. (…) „Du bist zu groß für mich und du kannst von mir nichts mehr lernen. Ich hab mir das gut überlegt: Du musst jetzt gehen, denn ich komme mir gar nicht mehr vor wie der König."*

Wenn man die folgende Doppelseite aufschlägt, sind viele Jahre vergangen. Die „Leerstelle", die die Erzählung hier lässt, kann von den Kindern nach eigener Vorstellung gefüllt werden. Allein oder zu zweit können sie darüber nachdenken, was der Elefant in dieser Zeit wohl erlebt, wohin er geht, wem er begegnet usw. und dazu Geschichten schreiben und Bilder malen. Wenn diese entstanden sind, können sie zu einem eigenen Buch zusammengeheftet werden. So werden Texte und Bilder für alle Kinder zugänglich.

eigene Bilderbücher herstellen

Das Herstellen eigener (Bilder)Bücher ist generell sinnvoll. Bilder und Texte werden auf diese Weise gewürdigt. Zudem bekommen die Kinder erste

Eindrücke von den Entstehungsprozessen eines Buches. Sie können dazu angeleitet werden, Überlegungen zum Verhältnis von Bild und Text anzustellen, zur Abfolge der Seiten (Episoden) im Buch, zum Titel und zur Gestaltung der Titelseite. Größere Kinder könnten über den Sinn des Impressums und den Nutzen eines Inhaltsverzeichnisses informiert werden.

Überlegungen zum Verhältnis von Bild und Text

Ein eigenes Bilderbuch kann das Ergebnis der Arbeit einer ganzen Lerngruppe sein, einer kleineren Gruppe oder eines einzelnen Kindes. Die gestalteten Einzelblätter können mit Vorderseite (als Titelbild) und Rückseite aus farbigem Fotokarton versehen werden. Die Blätter werden gelocht und mit einem schönen Band zusammengehalten. Man kann sie auch im Copy-Shop mit einer Spiralbindung versehen lassen.[82]

8.3.2 Schorschi schrumpft, **Florence Parry Heide** (Text) / **Edward Gorey** (Illustration)

Diogenes, Zürich 1976.

Edward Gorey wurde 1925 in Chicago geboren und starb im Jahr 2000. Im Werk des Grafikers, Buchgestalters und Autors nehmen die Kinderbücher nur einen kleinen Platz ein. In *Schorschi schrumpft* nimmt er, wie in anderen Kinderbüchern, die Perspektive der Kinder ein, ihr „hoffnungsloses Kleinsein gegenüber der Erwachsenenwelt".[83]

die Perspektive des Kindes

Schorschi schrumpft ist die Geschichte eines Jungen, dem etwas Seltsames geschieht. Zuerst merkt er, dass er nicht mehr zum Bord im Wandschrank hinaufreichen kann, auf dem seine Kaugummis liegen. Dann merkt er, dass seine Hose und sein Hemd immer länger werden. Er versucht seine Mutter auf den merkwürdigen Umstand aufmerksam zu machen: „*Meine Hosen werden immer länger oder irgendwas.*" Sie hört aber nicht richtig zu. Sie backt gerade einen Kuchen und sagt: „*Das ist ja schlimm, Kind. Hoffentlich geht der Kuchen auf.*" Beim Abendessen fällt dem Vater auf, dass Schorschis Kopf gerade noch über der Tischkante sichtbar ist. Schorschi wird zum Geradesitzen ermahnt. Er versucht dem Vater klarzumachen: „*Gerader geht nicht. Ich glaube, ich schrumpfe oder irgendwas.*" Aber der Vater hört der Mutter zu. Und die redet gerade vom Kuchen. Das geht so weiter, bis Schorschi ein nicht zu Ende gespieltes Spiel fortsetzt – und wieder wächst. Die beklemmende Situation wird aufgelöst. Damit könnte die Geschichte zu Ende sein. Ist sie aber nicht. Am Ende wird Schorschi grün. Kein Wunder, denn keiner der Erwachsenen hat ihm auch nur einmal zugehört.

Zur poetischen Raffinesse der Erzählung gehört der offene Schluss. Das Hintergründige der Geschichte ist mit Federzeichnungen in ausdrucksstarken Schwarzweiß-Kontrasten festgehalten, die an Jugendstil-Illustrationen erinnern. Die Dramaturgie der Bildsequenz (das jeweils nächste Bild ist oft nur geringfügig verändert) macht die Übernahme filmischer Mittel deutlich.

Bildsequenz weist filmische Mittel auf

Grunderfahrung des Kindseins

Das Bilderbuch spiegelt wider, was zu den Grunderfahrungen des Kindseins gehört: Es geht um den Wunsch, wahrgenommen zu werden. Wer nicht wahrgenommen wird, so zeigt die Geschichte, der könnte sich selbst abhanden kommen. Wir, die Erwachsenen, die hier angesprochen sind, kommen in der Erzählung als Eltern, Busfahrer, Lehrerin und Schulleiter vor.[84]

Unterrichtsanregungen 3.–4. Schuljahr

Ziele:
- die Innensicht einer Figur entfalten,
- Texterschließung mittels Schattenspiel.

Fantastische Mittel erleichtern die Einsicht in das Erfundene.

Die surreale Darstellung des Bilderbuches ist geeignet zu verdeutlichen, dass die Geschichte ausgedacht ist. Der fiktive Charakter literarischer Texte ist für Grundschulkinder oft nicht ohne weiteres erkennbar. Das gilt vor allem für realitätsnahe Texte, die Kindern die Einsicht in grundlegende Gesetze des literarischen Erzählens eher erschweren. Die fantastischen Mittel in *Schorschi schrumpft*, die zur Realität eine deutliche Distanz markieren, erleichtern die Einsicht in das Erfundene. Diese Einsicht kann gefördert werden, wenn Kinder den Verlauf einer Erzählung selbst verändern. Für *Schorschi schrumpft* bieten sich unterschiedliche Möglichkeiten an.

a) *Entfaltung der Innenperspektive als Schreibanlass*
Schorschis Gefühle bleiben in der Erzählung weitgehend ausgespart. Es liegt deshalb nahe, die Kinder zu deren Ausgestaltung anzuregen. Die Begegnung mit dem Text sollte durch Vorlesen geschehen. Da die fein gezeichneten Illustrationen aus der Entfernung nicht gut sichtbar sind, wäre zu überlegen, ob von einigen Bildern Folien hergestellt und mit Hilfe des Tageslichtprojektors zum Anschauen dargeboten werden. Eine gute Gelegenheit das Vorlesen zu unterbrechen bietet sich auf Seite 25. Schorschi ist gerade auf einen Stuhl gestiegen, um sein Sparschwein aus der Küchenschublade zu holen. Er stellt fest, dass er noch kleiner geworden ist. Die Mutter ist am Kühlschrank beschäftigt und sagt: *„Du weißt, dass ich es nicht leiden kann, wenn du auf die Stühle kletterst, Kind.“*

schreibend in Schorschis Rolle schlüpfen

An dieser Stelle werden die Kinder ermuntert in Schorschis Rolle zu schlüpfen und in der Ich-Form aufzuschreiben, was er wohl denkt und empfindet. Dazu kann die *Kopiervorlage 7* verwendet werden. Das Schreiben dient hier dazu, den Text besser zu verstehen und – ohne direkt zur Übertragung auf die eigene Situation aufgefordert zu sein – sich zum Text in eine Beziehung zu setzen. Gespräche und Geschriebenes lassen sich auf diesem „Umweg“ intensivieren. Für derartige Schreibanregungen gilt generell, dass das Verstehen dem Schreiben nicht vorausgehen muss, es kann beim Schreiben entstehen.

b) *Texterschließung mittels Schattenspiel*
Die produktiven Methoden des Umgangs mit Texten setzen voraus, dass die Wirkung des Textes durch die Beteiligung der Leserin/des Lesers zustande kommt, dass der Text einer Partitur vergleichbar ist, die beim Lesen zur Entfaltung kommt. Für die methodischen Zugangsweisen stellt sich die Frage, welche Sinnpotentiale der Text bereithält und über welche Form der Aneignung sie zur Wirkung zu bringen sind.

Gestaltveränderung mit den Mitteln des Schattenspiels inszenieren

Für *Schorschi schrumpft* kann die Umsetzung in ein Schattenspiel als geeignet angesehen werden. Der grafische Charakter der Illustration weist Analogien zum Schattenriss auf, dazu kommt die Tatsache, dass die Bilder des Buches sich quasi von allein in Bewegung setzen. Vor allem aber ist das Motiv der Gestaltveränderung mit den Mitteln des Schattenspiels gut zum Ausdruck zu bringen.

Möglich ist das Figurenschattenspiel mit dem eigenen Körper. Wenn in der Schule eine Projektionsfläche (möglichst großes, weißes, dünnes Leintuch) vorhanden ist, genügt als Lichtquelle der Tageslichtprojektor. Zwischen der Lichtquelle und dem Bildträger können die Kinder als Spielfiguren auftreten. Bewegen sie sich in der Nähe der Lichtquelle, erscheint ihr vergrößertes (aber schwächeres) Schattenbild auf dem Bildträger. Bei allen Interpretationsversuchen ist darauf zu achten, dass sich die Kinder in der Seitenansicht darstellen. Erst durch das Profilieren der Gestaltmerkmale (Kopfsilhouette, Finger, Beine usw.) kommt eine eindrucksvolle Schattenzeichnung zustande.

Das einfacher zu bewerkstelligende Stabpuppenspiel hat gegenüber dem Figurenschattenspiel den Vorteil, dass die geführte Figur beim Spiel zu sehen und zu kontrollieren ist. (Zur Herstellung von Spielfiguren, die an Stäben geführt werden, vgl. Kapitel 8.1.2.) Für eine wenig aufwändige Form des Figurenschattenspiels sind nur die auf eine Folie kopierten Figuren und der Tageslichtprojektor nötig.

kinderliterarische Figuren aus unterschiedlichen Kontexten

Dem Figurenschattenspiel mit Tageslichtprojektor gelten die folgenden Anregungen. Auf der *Kopiervorlage 8* sind Figuren abgebildet, denen Schorschi im Spiel begegnen könnte (Pippi Langstrumpf, Biene Maja und Janoschs' kleiner Tiger). Diese Figuren werden auf Folie kopiert und ausgeschnitten. Von der *Kopiervorlage 7* können Schorschi und die Mutter auf Folie kopiert werden. Belässt man seitlich oder am unteren Figurenrand einen Folienstreifen, so kann die Figur wie an einem Stab geführt werden. Als „Bühne" eignet sich die Darstellung auf der *Kopiervorlage 8*. Zwei Kinder stehen rechts und links des Projektors und führen die Figuren von der jeweiligen Seite.

Die Konfrontation unterschiedlicher Figuren der Kinderliteratur kann das Erfinden von Dialogen und Geschichten wunderbar in Gang setzen. Sie stellt Kindern motivationale und konzeptionelle Hilfen bereit. Motivationale, weil es Spaß macht sich vorzustellen, Schorschi bekäme Unterstützung von der lustigen und tatkräftigen Pippi – und konzeptionelle, weil Kinder im Kontext der Figuren Anregungen finden für inhaltliche und sprachliche Ausgestaltung. Geeignet ist z.B. die Szene, in der Schorschi an einem Briefkasten steht, um einen Brief einzuwerfen. Er ist inzwischen zu klein dazu. In dieser Szene könnte Pippi Langstrumpf ins Bild kommen.

zum Text zurück

Das Eingreifen in den Text, die aktive Aus- und Umgestaltung, sollte zum Text zurückführen. Das Bilderbuch wird zu Ende vorgelesen. Die im Prozess der Handlung gemachten Erfahrungen werden mit den ersten Texteindrücken verglichen. Der Zugewinn durch die unterschiedlichen Formen der Aneignung kann im Gespräch als Verstehensgewinn deutlich werden. Verstehen ist hier sowohl literarisch gemeint (die Erfahrung mit dem Fiktionalen und dem Motiv der Gestaltveränderung) als auch sozial, als Verstehen eigenen und fremden Erlebens.[85]

weitere Buchempfehlungen

● Cousins, Lucy: Za-Zas kleiner Bruder. *Aus dem Englischen von Rolf Inhauser. Sauerländer, Aarau 1995. (1./2. Schuljahr) oder:*

● Cousins, Lucy: Za-Zas Baby Brother. *Walker Books, London 1995. (2./3. Schuljahr)*

Za-Za ist ein Zebrakind. Es erzählt, wie sich der Alltag durch die Geburt des kleinen Bruders verändert. Immer steht der Kleine im Mittelpunkt und Za-Za soll geduldig abwarten, bis die Eltern Zeit für sie haben. Gott sei Dank schläft er noch viel. Ein Geschwister-Bilderbuch für kleinere Kinder. In großflächigen und leuchtend bunten Bildern schafft Lucy Cousins eine heitere Atmosphäre. Weil die Bilder für sich sprechen und der sie begleitende Text aus einfachen Sätzen besteht, eignet sich das Bilderbuch auch für die Begegnung mit der englischen Sprache. Als Erweiterung auf andere Sprachen bieten sich vor allem die Verwandtschaftsbezeichnungen an.[86]

● Piumini, Roberto (Text) / Quint Buchholz (Illustration): Matti und sein Grossvater. *Hanser, München 1994. (3./4. Schuljahr)*

Die Erzählung handelt von einer Freundschaft zwischen den Generationen und von Mattis Abschied vom sterbenden Großvater. Die Anfangsszene zeigt eine italienische Familie, die um das Bett des Kranken versammelt ist. Matti ist dabei. Auch in der Schlussszene steht er mit den anderen am Bett des toten Großvaters. In der Zwischenzeit, die den Hauptteil der Erzählung ausmacht, hat Matti mit dem Großvater einen Ausflug gemacht, auf dem er eine glückliche Zweisamkeit erlebt, und verschlüsselte Hinweise auf die bevorstehende Veränderung bekommen. Matti weiß am Ende, dass der Großvater bei ihm bleiben wird – in der Erinnerung. Quint Buchholz zeichnet Gestalten und Landschaft fotorealistisch genau und dennoch wirken die Bilder surreal und traumhaft. Es ist, als läge ein magisches Licht über allem.

● Schnurre, Wolfdietrich (Text) / Berner, Rotraut Susanne (Illustration): Die Prinzessin kommt um vier. *Aufbau Verlag, Berlin 2001. (1./4. Schuljahr)*

Der Ich-Erzähler ist ein im Alter schwer schätzbarer Junge, der im Zoo eine Hyäne kennen lernt. Niemand mag sie. Schließlich sind Hyänen hässlich und stinken. Sie vertraut dem Besucher ein Geheimnis an: Eigentlich sei sie eine

Prinzessin und sie werde erlöst, wenn jemand sie nach Hause einlädt. Ihr Wunsch geht in Erfüllung. Pünktlich um vier kommt sie und nimmt an einer sorgsam vorbereiteten Kaffeetafel Platz. Gierig frisst sie die angebotenen Köstlichkeiten. Sie ist glücklich. Dann wird sie traurig. Eine Verwandlung findet nicht statt. Am Ende hat ihr der Junge verziehen. Galant begleitet er seine neue Freundin hinaus in die Mondnacht. Rotraut Susanne Berner hat die Erzählung mit vielen Überraschungen illustriert.

- Schami, Rafik (Text) / Erlbruch, Wolf (Illustration):
Das ist kein Papagei, *Hanser, München 1994. (1./3. Schuljahr)*
Linas Eltern haben einen Papagei gekauft. Sie versuchen vergebens ihn zum Sprechen zu bringen. Lina weiß, weshalb er nicht spricht, aber die Eltern hören ihr nicht zu. Sie beschließen das Tier in die Zoohandlung zurückzubringen. Lina wiederholt immer wieder „Das ist kein Papagei.“, bis der Vater endlich nachfragt und von Lina erfährt: „Das ist ein Mamagei.“ „Stimmt“, sagt der Vogel und es stellt sich heraus, dass er weit in der Welt herumgekommen ist und dreizehn Sprachen fließend spricht.

Auch dieses Bilderbuch eignet sich dazu, nicht nur den Aspekt des Wahrnehmens und des wahrgenommen Werdens, sondern auch den der Begegnung mit anderen Sprachen zum Thema zu machen. Ein Mamagei, der in vielen Sprachen spricht, kann vor allem in multi-lingualen Klassen eine Bereicherung sein.

- Waechter, Friedrich Karl: Der rote Wolf.
Diogenes Verlag, Zürich 1998.
Der „rote Wolf“ erzählt sein Leben: Der kleine Terrier kommt vor Weihnachten zur Welt. Bald wird sich herausstellen: Es ist Krieg. Auf Planwagen, mit Pferden und zu Fuß fliehen Menschen, die Tiere mit ihnen. In allen Bildern ist Bedrohung zu spüren. Aus einem Planwagen fällt das Hundekind in die Kälte des russischen Winters. Eine Wölfin schleppt das wimmernde Bündel zu ihren Neugeborenen, nährt es, zieht es auf. Der Menschenhund lebt mit den Wölfen und vergisst die Menschen. Die Ziehmutter stirbt einen furchtbaren Tod. Der rote Wolf wird noch einmal gerettet. Diesmal von Olga, einem russischen Mädchen.

8.4 Von der Schönheit der Natur

unmittelbare Naturbegegnung

Unmittelbare Naturbegegnung ist für viele Kinder heute nicht selbstverständlich. Dennoch ist sie unverzichtbar. Kinder sollen zur natürlichen Umwelt ein verantwortliches Verhältnis entwickeln. Um aber etwas schützen zu wollen, muss man es zuvor schätzen und lieben gelernt haben. Kinder sollten in der Grundschule erfahren, dass es lohnend ist, die natürliche Umwelt aufmerksam zu betrachten, das Wissen über sie zu erweitern und sich an Pflanzen, Tieren und Landschaften zu erfreuen. Ein nahe liegender Weg ist die

Begegnung mit literarischen Naturbildern

unmittelbare Begegnung (Arbeit im Schulgarten, Walderkundung, Beobachtungen an nahe gelegenen Gewässern). Aber auch die Begegnung mit literarischen Naturbildern kann dazu beitragen, dass Kinder die Schönheit der Natur erfahren.

Ein Bilderbuch wie *Dezember und seine Freunde* von Mischa Damjan und Dušan Kállay stellt ihnen die Schönheit der Jahreszeiten vor und fordert zugleich dazu auf, für die Erhaltung dieser Schönheit zu sorgen. In *Mond und Muschel* machen Hans-Magnus Enzensberger und Christine Leins den Versuch Kindern etwas vom Naturverständnis der Azteken nahe zu bringen.

8.4.1 Dezember und seine Freunde, Mischa Damjan, Dušan Kállay

Otto Maier Verlag, Ravensburg 1986.

Personifizierung der Monate

In diesem Bilderbuch erscheinen die Monate Dezember, März, Juni und Oktober als personifizierte Gestalten auf der Erde. Hauptfigur ist der Dezember. Er lebt in seinem Schloss, weitab von den Menschen. Dort spielt er auf seiner Flöte und baut bunte Drachen. Wenn es an der Zeit ist, sagt er dem Wind, er solle die Blätter von den Bäumen fegen. Dann sorgt er dafür, dass die Blumen und Gräser eine warme Decke aus Schnee bekommen. In einer stürmischen Nacht erzählt ihm der Wind von bunten Blumen und von Vögeln, die ihre Nester bauen und Lieder singen. Das stimmt Dezember nachdenklich. Er hat all das nie gesehen und kann sich kein Bild davon machen. Der Wind bemerkt seine Trauer und erlaubt ihm eine Reise durch das Jahr. Staunend erlebt Dezember mit seinem neuen Freund, dem März, die Rückkehr der Vögel, mit dem Juni die Pracht des blühenden Kastanienbaums, mit dem Oktober die reichen Obstgärten. *„Freund, dein Land ist herrlich und schön, sorge dafür, dass es so bleibt.“*, sagt er zum Abschied den Monaten, die er kennen gelernt hat. In zarten Buntstiftfarben gibt der slowakische Künstler und Illustrator Dušan Kállay, geb. 1948, die Stimmung und die verschwenderische Fülle der Jahreszeiten wieder. Die Personifikation der Monate wird in poetischer Bildformulierung gezeigt. Die jünglingshaften Gestalten werden vor allem durch ihre Kopfbedeckungen unterschieden: Dezember trägt ein Vogelhäuschen auf dem Kopf, der März eine Kappe aus Vogelfedern, der Juni erscheint mit üppigem Blütenhut und der Oktober mit einer Apfelmütze. Die Natur mit den Augen des staunenden Dezember ansehen zu können, das schafft eine Distanz, die Bekanntes kostbar macht.

die Natur mit den Augen des staunenden Dezembers betrachten

Unterrichtsanregungen 2.–4. Schuljahr

Ziele:

- eigene Vorstellungsbilder vom „Dezember“ entwickeln und schriftlich festhalten, dabei die Personifizierung als Darstellungsmittel verstehen,

- Einfälle zu Prosaskizzen ausformulieren,
- Personifizierungen selbst gestalten: Gestalt eines Monats (März, Juni, Oktober) mit collagierten Attributen darstellen.

Material:
- große Papierbögen (z.B. Packpapier),
- Bildmaterial aus Zeitschriften, Kalendern u.a. zum Collagieren

Vorstellungsbilder entwickeln

a) *eigene Vorstellungsbilder entwickeln und schriftlich festhalten; Einfälle zu Prosaskizzen ausformulieren*

Die Anregungen knüpfen an die Darstellung der Monate an. Diese treten als Verkörperung der Jahreszeiten auf. Für den Reiz der Personifizierung sind Kinder im Grundschulalter besonders aufgeschlossen. In ihrem Denken sind die Naturerscheinungen lange mit magischen Vorstellungen verknüpft (vgl. Fußnote 7 zu Piaget: *Das Weltbild des Kindes*). Außerdem begegnet ihnen die Vermenschlichung von Naturerscheinungen in umgangssprachlichen Redewendungen (z. B. „Die Sonne lacht."), im Kinderlied und im Kindergedicht („Der Winter ist ein rechter Mann …"). In bildender Kunst und Literatur hat die Personifikation als allegorische Darstellung abstrakter Begriffe eine lange Tradition. Bekannt sind vor allem bildliche Darstellungen, in denen Frühling, Sommer, Herbst und Winter in Menschengestalt erscheinen. Grundschulkinder kennen möglicherweise eine von Archimboldos allegorisierenden Darstellungen der Jahreszeiten.[87]

Da es um die eigene Vorstellungsbildung geht, sollten die Kinder zunächst keine Abbildung des „Dezember" sehen. Sie können den auf der *Kopiervorlage 9* abgedruckten Text lesen.[88] Es handelt sich um den Anfang des Bilderbuches. Erzählt wird vom Monat Dezember, der weitab von den Menschen in seinem winterlichen Schloss wohnt. Er kennt nur sein Reich: den Wind, der die letzten Blätter von den Bäumen fegt, den Schnee, den Frost. Wenn der Wind ihm vom Frühling erzählt oder vom Sommer, von Blumen und Vögeln, dann hört er zunächst kaum zu – er kann sich kein Bild machen.

Texteindrücke austauschen

Dann sollte ein Gespräch folgen, in dem erste Texteindrücke ausgetauscht werden. Man kann die Kinder auch dazu auffordern, ihre ersten Leseeindrücke schriftlich festzuhalten, um mit bereits formulierten Beiträgen in das gemeinsame Gespräch zu kommen. Beim Austausch der Eindrücke und Einfälle wird zur Sprache kommen, dass Dezember im Text wie ein Mensch lebt, empfindet und handelt. Das Gleiche gilt für den Wind.

Auf die Frage, ob sich die Kinder (eines 4. Schuljahres) denn ein Bild vom Winter machen könnten, wurden folgende Vorstellungen geäußert:
- Er könnte wie ein Schneemann aussehen.
- … mit Schneeflocken ganz bedeckt …
- Er könnte durchsichtig sein wie Glas.
- … aus Nebel …
- Er könnte Eiskristalle als Augen haben.

Die mündlichen Äußerungen sind offensichtlich vom märchenhaften Ton des Textes angeregt. Alle vorgestellten Bilder sind schnee- und nebelfarben oder transparent (wie Glas). Erstaunlich ist vor allem die Vorstellung der „Eiskristalle“ als Augen; der Text gibt keinen Hinweis auf Eiskristalle. Bis auf die letzte Äußerung waren alle auf die gesamte Gestalt bezogen.

Erst nach dem Austausch über die eigenen Vorstellungen wurde Dušan Kállays Dezember-Darstellung betrachtet. Zur gemeinsamen Bildbetrachtung eignet sich die Farbillustration in der Mitte dieses Buches, Seite VI. Von der Abbildung kann eine Farbfolie gezogen und mittels Tageslichtprojektor dargeboten werden. Hier trägt der Dezember ein Vogelhäuschen als Hut, außerdem eine rote Kappe auf der Nase. Er ist in zarten Buntstiftfarben dargestellt in einer Weise, die an mittelalterliche Bilder erinnert. Bereichert von den Anregungen, die durch die Bildbetrachtung gegeben waren, sammelten die Kinder weitere Einfälle: Er trägt einen weißen Frack, einen Schal aus Eiskristallen, eine Nase aus Cornetto-Eis. Er trägt Ringe aus Eisdiamanten. Seine Fingernägel sind so lang wie Spinnenbeine. Er hat einen großen Sack mit Heu, Kartoffeln und Kastanien für die Tiere. Hinter seinem Schloss züchtet er schwarze Krähen. Die Einfälle betreffen nun Einzelheiten (Schal, Nase, Fingernägel) und Attribute, die die Gestalt in einen Kontext stellen (hier: Bezug zu Tieren).

nach der Bildbetrachtung weitere Einfälle sammeln

Dezember

Er ist schön wie
eine Schneewolke
mit Augen aus Edelsteinen
mit Nebelbart
der die Vögel verdeckt
mit Hut aus Fell
damit sich die Vögel
ganz wohlfühlen.

Robin

Der Winter

Er trägt einen weißen Frack
mit Knöpfen
aus Eiskristall.
Er hat eine Mütze
aus Schnee.

Eine schwarze Krähe
sitzt auf seiner Schulter.

Jens

Aus diesen (und weiteren) Einfällen entstanden kleine Texte (Prosaskizzen). Für die sprachliche Aus- und Umgestaltung bekommen die Kinder Papierstreifen, auf denen sie ihre Einfälle festhalten. Sie können dabei auf die gemeinsam gesammelten Einfälle zurückgreifen und weitere notieren. Jeder Einfall wird auf einen separaten Papierstreifen geschrieben. Mit Hilfe der Papierstreifen ist es möglich, unterschiedliche Anordnungen zu erproben. Dabei variieren die Kinder und überprüfen, wie ihnen die Abfolge der Einfälle sinnvoll und stimmig erscheint. Derartige Verfahren sind als Methoden des Textumgangs (etwa bei der Reorganisation von Gedichtzeilen) aus handlungs- und produktionsorientierten Ansätzen der Literaturdidaktik bekannt.

Es bietet sich zudem an, den Kindern das Verfahren des Zeilenumbruchs vorzustellen. Wenn sie ihre Einfälle in Zeilen anordnen und mit unterschiedlichen Möglichkeiten experimentieren, erfahren die Kinder den Zeilenumbruch als Mittel der Rhythmisierung. Sie erfahren, wie die Variation der Druck- und Schreibanordnung das Gewicht eines Wortes im Satz verändert und damit die Bedeutung des Gesagten beeinflusst. Variationen sollten über lautes Lesen erprobt werden. Bei der Anordnung des Prosatextes in Zeilen können auch Änderungen (Streichungen, Ergänzungen, Wiederholungen) vorgenommen werden. Dabei können die Kinder einander beraten.

b) *Personifizierungen selbst gestalten: Gestalt eines Monats mit collagierten Attributen darstellen*

Im Bilderbuch trifft Dezember auf März, der ihm die Schönheit des Frühlings zeigt, auf Juni (vgl. Farbabbildung S. VII) und auf Oktober. Entsprechend könnten je nach Jahreszeit figurative Darstellungen eines Monats entstehen, der „seine" Jahreszeit verkörpert.

körpergroße Gestaltung allegorischer Figuren

Die äußere Form körpergroßer Gestalten kann so entstehen: Zunächst werden mit Bewegungsdarstellungen geeignete Körperhaltungen erprobt. Falls Kinder in der Lerngruppe Ballettunterricht haben, können sie Grundpositionen zeigen, die spielerisch variiert werden. So erfahren sie die Ausdrucksmöglichkeiten verschiedener Fuß- und Beinstellungen bzw. der Armhaltungen. Analog zu Dezember, der in der Vorstellung eines Kindes einen Schlitten hinter sich her zieht, könnte z.B. der Juni als Sommer-Monat einen Korb mit Pflanzen und Tieren auf dem Kopf tragen, der mit einer Hand gestützt wird.

Wenn eine geeignete Darstellung gefunden ist, legt sich das Kind auf einen großen, auf dem Boden ausgebreiteten Bogen Papier. Die Körperhaltung, die fixiert werden soll, wird mit einem Stift umfahren. Diese Grundform wird nun ergänzt. Das kann z.B. im Collage-Verfahren geschehen. Es geht dabei um die Ausformung der Gestalt oder auch nur eines Teils des Gestalt (z.B. des Kopfes/der Kopfbedeckung mit Früchten) durch die Verwendung von vorgefundenem Material. Dazu sollte geeignetes Material aus Zeitschriften, Gärtnerei-Katalogen etc. ausgewählt und gesammelt werden. Die ausgeschnittenen oder gerissenen Teile werden flächenfüllend verbunden. Im Finden und Aufgreifen des Materials liegt bereits ein kreatives Moment. In einem kreativen Prozess werden die ausgewählten Elemente für den neuen Bildzusammenhang umgestaltet und umgedeutet.

8.4.2 Mond und Muschel,

betrachtet von Hans Magnus Enzensberger, mit Bildern von Christine Leins. Aufbau-Verlag, Berlin 2000.

Die in diesem Bilderbuch gesammelten Texte entstammen der *Universalgeschichte und Beschreibung aller Dinge von Neu-Spanien* (das heißt des alten Mexiko). Sie entstanden zwischen den Jahren 1547 und 1570. Ihre Verfasser sind die Überlebenden eines Völkermords, unbekannte Indianer, Söhne aus alten Azteken-Geschlechtern. Ein Franziskanermönch unterrichtete sie und regte sie dazu an, als Zeugen einer vernichteten Kultur aufzuschreiben, was sie vom Leben ihrer Väter wussten. So entstand die Beschreibung einer Welt mit ihren Mythen und ihren Geschichten, ihren Gewohnheiten und ihrer Denkweise, mit all ihren Erscheinungen – vom Sonnengott bis zum kleinsten Insekt. Zur Entstehungsgeschichte des berühmten Buches schreibt Hans Magnus Enzensberger:

Zeugnis einer untergegangenen Kultur

„Wenige Jahre nach Cortéz, dem Conquistator, ging in Veracruz ein junger spanischer Franziskanermönch namens Bernardino de Sahagún an Land. Der eine hat eine große Kultur zerstört, der andere hat sie aufbewahrt; nur einer von beiden ist bis auf den heutigen Tag berühmt: das ist der Totschläger …"[89]

Enzensberger bezeichnet die aztekischen Naturbeschreibungen als eine „zweite Erschaffung der Welt – aus Wörtern".

Das Bilderbuch bietet eine Auswahl dieser alten Texte. Es sind Naturbeschreibungen: Pflanzen, Bäume, Tiere, Himmelskörper usw. Sie dienen der Erfassung und Bestandsaufnahme der sichtbaren Welt. Ganzseitige, genaue und filigrane Illustrationen der Künstlerin Christine Leins ergänzen die Texte. Die Beschreibungen verstehen sich als Gebrauchstexte, sie wirken auf uns aber wie poetische Miniaturen. In ihnen setzt sich der Schreiber zu den Dingen in ein Verhältnis. Er isoliert die Dinge aus dem Naturzusammenhang und stellt sie zunächst durch einen Akt der Namensgebung vor. Es folgen Wahrnehmungsweisen des Beobachtens oder des Riechens, des Schmeckens, des Betastens. Dabei werden jedem Gegenstand Eigenschaften zugeschrieben, ohne dass eine systematische Ordnung erkennbar wäre. Die Beschreibung des Kolibris und der Muschel z.B. beginnt mit der Zuweisung von Farben, andere mit der Zuweisung von Form-Merkmalen. Der Schreiber strebt keine Vollständigkeit an, erreicht aber eine überraschende Plastizität. So entsteht ein intensives und komplexes Verhältnis zum Naturgegenstand, in dem affektive und kognitive, ästhetische und pragmatische Einstellungen noch ungeschieden und gleichberechtigt nebeneinander sichtbar sind. Schön und nützlich zugleich sind die Dinge. Sie sind gerade dadurch bedeutsam, dass sie einen unmittelbaren Bezug zum erlebenden Subjekt haben.[90]

poetische Miniaturen

schön und nützlich zugleich

Unterrichtsanregungen 3.–4. Schuljahr

Ziele:
- etwas über die Entstehung der Texte erfahren,
- Wissen über die Azteken zusammentragen,
- Texte vergleichen, um die Eigenart der Beschreibungen zu verstehen,
- analog zu den aztekischen Texten eigene Naturbeobachtungen schreiben bzw. zeichnen, um das eigene Verhältnis zu Naturdingen bewusst auszuloten.

a) *etwas über die Entstehung der Texte erfahren; Wissen über die Azteken zusammentragen*

dem Naturverständnis eines alten Volkes begegnen

Der Umgang mit den aztekischen Naturbeschreibungen soll dazu führen, den Kindern etwas vom Naturverständnis eines alten Volkes zu vermitteln und ihnen ihr eigenes Verhältnis zu Naturdingen bewusst zu machen. Dazu eignen sich die alten Texte besonders gut, weil das in ihnen erscheinende Naturverhältnis dem von Piaget immer wieder beschriebenen egozentrischen Weltverständnis des Kindes strukturell entspricht.[91] Überdies ist die indianische Welt für Kinder fremd und faszinierend. Die Möglichkeit zur bewussten Betrachtung wird folglich verstärkt durch die historische und kulturelle Distanz gegenüber den Texten.

Bevor das Bilderbuch vorgestellt wird, kann man den Kindern erzählen, wie diese Naturbeschreibungen entstanden sind. Dann werden einige der Texte aus dem Bilderbuch vorgelesen und die dazugehörigen Bilder betrachtet. Die Kinder werden ermuntert ihre Einfälle zu äußern (oder aufzuschreiben). Im Gespräch tauschen sie ihre Eindrücke aus. Dabei wird auch zur Sprache kommen, welches Vorwissen die Kinder über die Azteken bzw. über Indianer haben. Vermutlich wird in vielen Lerngruppen die Information angebracht sein, dass es sich bei den Azteken um ein Indianervolk handelt.

Wenn das Unterrichtsvorhaben projektartig angelegt werden soll, können die Kinder Fragen sammeln, die – als Forscheraufträge formuliert – zu eigener Recherche führen können (Nachschlagen in Kinder- und Jugendlexika, Ausleihen von Büchern in der Bücherei, recherchieren im Internet). Das eigenständig gesammelte Wissen könnte in Gruppen zusammengetragen und in Text und Bild auf Plakaten anderen zugänglich gemacht werden. Man kann den Kindern aber stattdessen auch selbst Informationen geben:

Forscheraufträge formulieren

Die Azteken beherrschten zur Zeit der spanischen Eroberung weite Gebiete Süd- und Zentralmexikos. Dem aztekischen Staat standen ein König und Kriegsführer sowie ein Oberpriester vor. Dieser hatte auch die Rolle des Friedensfürsten inne. Nach aztekischem Glauben forderten besonders der Sonnen-, der Frühlings- und der Kriegsgott eine hohe Zahl von Menschenopfern. In Religion und Kunst ließen sich die Azteken von anderen Völkern ihres Herrschaftsraumes beeinflussen (Pyramiden- und Tempelarchitektur, Gold- und Steinverarbeitung, Keramik). Eisen und Rad kannten sie vor dem Kontakt mit den spanischen Eroberern nicht. Grundlage ihrer Wirtschaft war der Feldbau, den man zum großen Teil auf bewässerten Terrassenanlagen betrieb. Zwischen 1519 und 1521 eroberten und zerstörten die Spanier unter Hernando Cortez das aztekische Reich. Heute bilden die Nachkommen der Azteken einen Großteil der Landbevölkerung des mexikanischen Hochlandes, aber auch der spanisch sprechenden Oberschicht.

b) *Texte vergleichen, um die Eigenart der aztekischen Naturbeschreibungen zu verstehen*

Texte vergleichen

Möglicherweise wird den Kindern beim Vorlesen schon auffallen, dass in den aztekischen Texten der Schreiber seine Einstellung gegenüber den Dingen nicht ausspart. Um die Eigenart der Texte genauer erarbeiten zu können, wird auf der *Kopiervorlage 10* eine aztekische Naturbeschreibung einem Sachtext gegenübergestellt. Zunächst sollte der Sachtext gelesen werden. Er enthält eine objektivierend-distanzierte Darstellung. Die Informationen sind im Verhältnis zum aztekischen Text präziser. Beim Vergleich kann deutlich werden, dass im aztekischen Text

- der Mond aus der Sicht eines Betrachters beschrieben wird,
- der Mond wie ein lebendiges Wesen beschrieben wird (*wuchs er*),
- die Naturbeschreibung (ohne Überschrift) einem Rätsel gleicht.

Beim gemeinsamen Gespräch über die Unterschiede werden die Kinder zu der Erkenntnis kommen, dass wir heute über den Mond mehr wissen als die Azteken vor vierhundertfünfzig Jahren. Sie werden möglicherweise aber auch den Reiz der anderen Sichtweise empfinden können, das Staunen über die Schönheit des Mondes, das in der Beschreibung zum Ausdruck kommt.

Sichtweisen vergleichen

c) *analog zu den aztekischen Texten eigene Naturbeobachtungen schreiben bzw. zeichnen*

Kontext: Walderkundung

Die Begegnung mit dem Bilderbuch kann im Zusammenhang mit einem sachunterrichtlichen Thema stattfinden, etwa einer Walderkundung.[92] Dann wäre es sinnvoll, die Kinder aus dem Wald Dinge mitbringen zu lassen, die ihnen reizvoll erscheinen (Baumrinde, Zweige, Federn, Schneckenhaus, Moos, Pilze, Tannenzapfen etc.). Dabei können die Kinder zur Beschreibung des von ihnen ausgewählten Naturgegenstandes zunächst Sachliteratur hinzuziehen, um Wortsammlungen bzw. Stichwortsammlungen anzulegen, z.B.: *Moos: grün, kleine Pflanzen, weich wie ein Polster, auf Baumstämmen, an Bachrändern, auf Steinen, auf Wiesen, im Wald, saugt sich voll mit Regenwasser.*

Um analog zu den aztekischen Texten schreiben zu können, sollte das Bilderbuch zum wiederholten Lesen bereitgehalten werden. Dann können die Texte zu „Ratgebern" für die eigenen Naturbeobachtungen werden. Zunächst kann der Naturgegenstand, wie bei den aztekischen Texten, benannt werden. Dann werden ihm Eigenschaften zugeschrieben. Die Beschreibung setzt keine Vollständigkeit voraus. Zudem bringen die Beschreibungen etwas über die Einstellung der Schreiberin/des Schreibers zum Ausdruck. Wie das geschehen kann, zeigen die alten Texte: Dort schätzt der Schreiber am *Kakaobaum*, dass er *erfrischt, tröstet, stärkt.* Über den *Spiegelstein* z.B. heißt es: *Ich glätte ihn mit feinem Schilf. Ich reibe ihn, bis er glänzt.* Vom *Peyote-Kaktus* wird gesagt: *Wer ihn isst, sieht viele Dinge, die ihn ängstigen oder zum Lachen bringen.*

Möglich ist es auch, die Kinder dazu zu ermuntern, zu einem der Bilder von Christine Leins zu assoziieren, um anschließend eine Beobachtung aufzuschreiben. Auch hier ist es sinnvoll, die Einfälle (Wörter, Stichwörter, Sätze) auf Papierstreifen zu notieren. Mit Hilfe der Papierstreifen ist es möglich, unterschiedliche Anordnungen zu erproben. Dabei variieren die Kinder und überprüfen, wie ihnen die Abfolge der Einfälle sinnvoll und stimmig erscheint. So entstehen Prosaskizzen, die mit den über vierhundert Jahre alten Naturbeschreibungen der Azteken verglichen werden können.

kleine „Studien" anfertigen

Im Kunstunterricht können die Kinder zu den selbst gewählten Dingen kleine „Studien" anfertigen. Das beobachtende Zeichnen schließt künstlerisch-ästhetische Erfahrungen ein. Auch wenn Kinder um möglichst realistische Darstellung bemüht sind, stellen sie (wie Künstler) nicht nur das dar, was tatsächlich existiert, sondern was sie sehen. Das beobachtende Zeichnen soll dazu beitragen, Objekte genauer wahrzunehmen und so die Sensibilität ihnen gegenüber zu erhöhen.[93]

Bevor die Kinder ihre Zeichnungen (Bleistift oder Farbstift) anfertigen, sollten sie die Gelegenheit haben, einige Illustrationen von Christine Leins aufmerksam zu betrachten, z.B. die Darstellung der Kiefer auf Seite 11. Oder die Kakaofrucht auf Seite 26. Bilder und Texte können anschließend zu einem eigenen Bilderbuch zusammengestellt werden.

weitere Buchempfehlungen

● CHRISTINE BJÖRK (Text)/LENA ANDERSON (Zeichnungen): LINNÉA IM GARTEN DES MALERS. *Aus dem Schwedischen übersetzt von Angelika Kutsch. 13. Auflage. Bertelsmann, München 1998. (2.–4. Schuljahr)*
Linnéa hat bei ihrem Freund, dem Gärtner Blümle, ein Buch mit Bildern des französischen Impressionisten Claude Monet gesehen. Von seinen Bildern geht der Impuls zu einer Reise nach Frankreich aus. Mit Blümle besucht Linnéa zunächst Paris. Im Museum bewundert sie die Gemälde Monets, vor allem die Blumen und die berühmte japanische Brücke. „Die enge Beziehung zwischen Kunst- und Naturästhetik wird durch den ständigen Wechselbezug zwischen den Gemälden des Malers Monet und der erlebten Wirklichkeit deutlich.“[94]

● BECKETT, WENDY: DER HERZOG UND DIE BAUERN. Vom Leben im Mittelalter. *Die Monatsbilder im Kalender des Duc de Berry. Übersetzt von Wolfgang Himmelberg. Prestel-Verlag, München 1997. (3.–4. Schuljahr)*
In der Prestel-Reihe *Abenteuer Kunst* erschien dieser Band mit Bildern aus dem Stundenbuch des Herzogs von Berry. Auf den Monatsbildern sind für die Jahreszeit typische Szenen aus dem Leben der Ritter und Bauern zu sehen. So zeigt das Bild für den Monat August im Vordergrund eine vornehme Jagdgesellschaft. Edelleute und ihre Damen reiten in farbenfroher, prächtiger Kleidung auf geschmückten Pferden zur Falken-Jagd. Im Mittelgrund sieht man Bauern bei der Arbeit. Sie beenden ihre Ernte und beladen die Heuwagen. Einige schwimmen unbekleidet im Fluss. Im Hintergrund ist das Schloss zu erkennen. Der Fluss in der Mitte erzeugt eine optische Trennung zwischen den beiden Welten Adel und Bauernstand.

Das Buch regt dazu an, sich der Schönheit der alten Bilder zu erfreuen und über historische Verhältnisse bzw. den unterschiedlichen Umgang der Feudalherren und der Bauern mit der Natur ins Gespräch zu kommen.

● LUCHT, IRMGARD: ROTER MOHN.
Ravensburger Buchverlag, Ravensburg 1994. (2.–4. Schuljahr)
Irmgard Lucht weckt mit ihren naturkundlichen Bilderbüchern Aufmerksamkeit für die Vorgänge und die Schönheit der Natur. *Die grüne Uhr* (1974), *Die Vogeluhr* (1976), Die *Baumuhr* (1978) u.a. sind in vielen Klassenbüchereien anzutreffen.

Lucht illustriert das Entstehen des Roten Mohns vom Samen an, den der Wind in alle Himmelsrichtungen verstreut. Sie zeigt das Aufspringen der Knospe und das Entfalten der Blätter. Auf diesen finden sich bald, angelockt von der roten Farbe, die ersten Insekten ein. Sie sammeln Blütenstaub und tragen ihn fort zur nächsten Mohnblüte, die auf diese Weise befruchtet wird. Im Anhang des Bilderbuches gibt es weitere Informationen über Tiere, Pflanzen und über die Entstehung des Buches.

8.5 Die Welt im Buch und anderswo

die Welt „lesbar" machen

Die Schule stellt dem Kind Aspekte der Welt vor, öffnet Türen, lässt Welt ein. Dabei haben seit dem Erscheinen des *Orbis pictus* Bücher eine Rolle gespielt. Erzählend und zeigend vermitteln Bilderbücher einen Weltausschnitt, eingebettet in den Zusammenhang einer Geschichte, die miterlebt und nachempfunden werden kann. Sie ergänzen die subjektive und fragmentarische Weltsicht des Kindes, begleiten das Buchstabieren der Erfahrung und die Ausbildung des Sinnverstehens. Sie tragen dazu bei, die Welt „lesbar" zu machen. Aus der Sicht des Kindes hat Walter Benjamin diese Erfahrung beschrieben: *„Die Welt, die sich im Buch eröffnete, und dieses selbst waren um keinen Preis zu trennen und vollkommen nie. So war mit seinem Buche auch sein Inhalt, seine Welt, handgreiflich da, mit einem Griff zur Stelle. So aber verklärte dieser Inhalt, diese Welt, nun auch das Buch an allen seinen Teilen. Sie brannten in ihm, strahlten von ihm aus; sie nisteten nicht nur im Einband oder in den Bildern; Kapitelüberschriften und Anfangsbuchstaben, Absätze und Kolonnen waren ihr Gehäuse. Man las sie nie aus, nein, wohnte, hauste zwischen ihren Zeilen (…)."*[95]

8.5.1 Madlenka, Peter Sís

Aus dem Englischen von Uwe-Michael Gutzschhahn. Carl Hanser Verlag, München 2001.

ein Wackelzahn im Zentrum der Welt

Peter Sís, 1949 in Brünn in der CSSR geboren, lebt seit 1984 in New York. Dort, genauer: in Manhattan, spielt die Geschichte. Madlenka, die Titelheldin des Bilderbuches, ist seine Tochter. Die Geschichte beginnt auf dem Vorsatzblatt. Es zeigt die Erdkugel und auf ihr einen winzigen roten Punkt. Allmählich wird dieser Punkt deutlicher. Madlenka lebt *„im Universum, auf einem Planeten, auf einem Kontinent, in einer Stadt, in einem Wohnblock, in einem Haus."* „Mit diesem Zoom – von der galaktischen Totale bis zur Großaufnahme von Madlenkas Hausfront"[96] – nähern sich die Bilder der Heldin und ihrer Geschichte. Madlenka merkt, dass ein Zahn wackelt – und das muss mitgeteilt werden.

Eine Bilderbuchseite zeigt in der Aufsicht eine Planquadratstadt mit geraden Straßen und endlos vielen Wohnblöcken, einer davon mit rotem Punkt: Hier wohnt Madlenka. Der Block besteht aus fünfzehn Häusern, einem Durchgang und einem Baum bestandenen Innenhof. Zunächst sieht man ihn aus der Froschperspektive. Von allen Seiten ragen die Häuser in den Himmel.

Schließlich ist an einem Fenster Madlenka zu sehen. Während die Architektur in feinen Schwarzweiß-Strichen schraffiert ist, erscheint das Mädchen, gelb gestiefelt und beschirmt, in zarten Buntstiftfarben. Madlenka macht sich auf den Weg, um von ihrem Wackelzahn zu erzählen. Auf ihrer „Reise um die Welt" – sprich: um einen New Yorker Häuserblock – besucht sie Nachbarn aus den verschiedensten Gegenden der Welt: Gaston, den französischen Bäcker; Herrn Singh, den indischen Zeitungsverkäufer; den Italiener Ciao mit seinem Eiswagen; die deutsche Frau Grimm in ihrem Märchenfenster; den aus Lateinamerika stammenden Gemüsehändler Eduardo; die ägyptische Schulfreundin Cleopatra und schließlich die asiatische Frau Kham in ihrem magischen Laden. Am Ende ist der Zahn heraus und Madlenka kehrt nach Hause zurück.

Weg um einen Wohnblock als Reise um die Welt

Von den Herkunftsländern ihrer Freunde erzählen ganz- und doppelseitige Tableaus. Sís spielt mit den Versatzstücken von Kulturdenkmälern (Eiffelturm, Turm von Pisa) und kulinarischen Spezialitäten wie Spagetti, Pizza etc. Durch die Bilder, versehen mit Fenstern und Gucklöchern, findet man immer tiefer hinein in die unterschiedlichen Kulturen.[97]

Die Begegnungen sind als Episoden aneinander gereiht. Zunächst sehen wir jeweils Madlenka inmitten ihres Häuserblocks. Eine sparsame farbliche Hervorhebung zeigt an, wo sie ihren nächsten Gesprächspartner findet. Ein umlaufendes Band informiert mittels Text und kleiner Illustrationen über den Kontext der Herkunft der Figur. Um den Text zu lesen bzw. die Bilder zu betrachten, muss man das Buch drehen. Auf diese Weise vollzieht man die Wanderung um den Wohnblock sozusagen mit. Nachdem Madlenkas jeweiliger Gesprächspartner vorgestellt ist, folgt beim Umblättern eine Doppelseite, die in geheimnisvollen Bildern von der mythisch-literarischen Welt des Bewohners erzählt. Dieses Enthüllen der geistigen Welt unterschiedlicher Kulturen macht den besonderen Reiz des Buches aus. Es schreibt der Erzählung eine Tiefendimension ein, die zu Entdeckungsreisen einlädt. Einen ersten Blick auf die darunter liegende Seite gewährt jeweils ein Fensterausschnitt oder ein Guckloch. Dies erinnert an den Brunnen im Märchen, durch den steigen muss, wer die andere Welt erreichen will.

Entdeckungsreisen in mythische Welten

Madlenka ist ein ungewöhnliches Bilderbuch, heiter und tiefgründig. Aus der Sicht des Kindes und mit der Fantasie des Künstlers blicken wir in die Kulturen freundlicher Nachbarn. Sís vermittelt Kindern ein Bild vom selbstverständlichen Miteinander der Kulturen. Dabei spielt er mit Klischees und Stereotypen und führt zugleich in Landschaften voller Märchen und Mythen. Man könnte gegen das Bilderbuch einwenden, es verharmlose, weil es die Konflikte ausspare, die in der Realität unübersehbar sind. Dagegen lässt sich sagen, dass Kinder positive Bilder, Vorbilder, Visionen brauchen, um der Welt und dem Anderen interessiert und offen zu begegnen.

Blick in die Kulturen freundlicher Nachbarn

Unterrichtsanregungen 2.–4. Schuljahr, projektorientiert

Ziele:
- Episoden des Bilderbuches selbstständig erkunden, um die kulturelle Vielfalt von Madlenkas Welt zu erfahren,
- literarische Gestalten als Repräsentanten kultureller Tradition verstehen,
- schreibend in die magische Welt der Bilder eindringen,
- Madlenkas Erlebnisse im Schattenspiel darstellen, dabei unterscheiden zwischen zwei Welten innerhalb des Erzählten,
- sich von Bild und Text zu eigenen produktiven Formen der Aneignung anregen lassen, z.B. selbst Bilder mit Märchenfiguren malen, Musik aus anderen Kulturkreisen hören etc.

Material:
- farbiges Tonpapier, quadratisch geschnitten,
- Schattenspielwand, ggf. Requisiten,
- farbige Folien,
- CDs bzw. Kassetten mit Musik aus unterschiedlichen Kulturkreisen.

Bilderbücher im projektorientierten Unterricht

Viele Bilderbücher eignen sich für projektorientierten Unterricht in der Grundschule. Für *Madlenka* gilt dies besonders, weil das Buch thematisch und künstlerisch ein weites Spektrum an Möglichkeiten bietet. Projektorientierter Unterricht eröffnet Kindern Handlungsspielräume für Eigentätigkeit und selbstbestimmtes Lernen. Die individuellen Interessen, Begabungen und Möglichkeiten der Kinder einer Lerngruppe werden berücksichtigt. In der Freiarbeit bzw. zu festgelegten Zeiten bearbeiten Gruppen oder einzelne Kinder jeweils selbst gewählte Aspekte. Vereinbarte Fixpunkte für reflektierende Gespräche können der Morgenkreis oder das Ende der Freiarbeitsstunden sein. In diesen Zeiten berichten die Gruppen über ihren Arbeitsprozess und besprechen Probleme. Am Ende steht eine zu vereinbarende Zusammenfassung und Vorstellung der Ergebnisse.

Je nach Alter und nach Vorerfahrungen der Kinder mit projektorientiertem Arbeiten wird die Lehrerin bzw. der Lehrer Handlungsspielräume eröffnen bzw. Anregungen bereitstellen und Strukturierung anbieten. Die Unterrichtsvorschläge verstehen sich als mögliche Bausteine für projektorientiertes Arbeiten. Die erste Begegnung mit dem Buch sollte gemeinsam geschehen, das gilt auch für die vorgeschlagene Bildbetrachtung. Die weiteren Vorschläge können alternativ angeboten werden. Darüber hinaus können die Kinder eigene Vorschläge in die Arbeit einbringen.

eigene Vorschläge in die Arbeit einbringen

a) *Episoden des Bilderbuches selbstständig erkunden*
Dieses Bilderbuch ist besonders zum Lesen und Betrachten in kleinen Gruppen geeignet. Es enthält wenig Text. Es sind die Bilder, die vielfältige Entdeckungen ermöglichen und zu immer neuem Betrachten einladen. Deshalb

sollten nach Möglichkeit mehrere Exemplare des Buches zur Verfügung stehen. (Die Stadtbüchereien sind in der Regel bei der Beschaffung behilflich.)

Die Kinder sollten Zeit und Muße haben, das Buch in kleinen Gruppen zu lesen und zu betrachten. Dabei werden sie feststellen, dass sie Vieles von dem, was in Schrift und Bild vorgestellt wird, wenn Madlenka den Vertretern der unterschiedlichen Kulturen begegnet, selbst kennen. Die Begegnung mit anderen Sprachen, Schriften und Lebensumständen ist für viele Grundschulkinder Teil ihrer Realität. Das Waren- und Medienangebot ist in weitem Umfang international. Das mag Kindern so selbstverständlich sein, dass es ihnen kaum bewusst wird. Die Episoden des Bilderbuches können ein Anlass sein, diese Vielfalt wahrzunehmen. Beim gemeinsamen Gespräch werden erste Eindrücke ausgetauscht. Möglicherweise möchten die Kinder analog zu Madlenkas Geschichte von eigenen Erlebnissen und von der eigenen Nachbarschaft erzählen. Vor allem in multikulturellen Lerngruppen können eigene Erfahrungen und Kenntnisse das Gespräch bereichern.

gemeinsam lesen, betrachten, Eindrücke austauschen

Um die Erfahrung der kulturellen Vielfalt zu vertiefen, werden die Kinder zu einer Gruppenarbeit angeregt. Die Gruppen können sich für einen fiktiven Besuch bei einem von Madlenkas Gesprächspartnern entscheiden oder sie finden selbst jemanden, über dessen Land sie etwas mitteilen können. Die Gestalt kann – je nach Herkunftsländern der Kinder – die Türkei, Griechenland, Russland oder einen anderen Teil der Welt vertreten.

gemeinsam planen

Jede Gruppe bekommt eine Abbildung von Madlenka in ihrem Wohnblock (*Kopiervorlage 11*) und wählt Tonpapier in einer Farbe aus. Die Abbildung wird in die Mitte des Tonpapiers geklebt. So wie Sís Icons auf die den Wohnblock umgebenden Straßen verstreut hat, zeichnen die Kinder Dinge, die für das Herkunftsland ihrer Figur typisch sind. Zuvor gesammeltes Bildmaterial aus Zeitschriften, Kalendern, Prospekten (Bauwerke, Pflanzen, Tiere, Nahrungsmittel, Alltagsgegenstände) kann ausgeschnitten und aufgeklebt werden. Bei dieser Arbeit werden Kinder des 2. Schuljahres noch Beratung brauchen. Kinder des 3. und 4. Schuljahres sind vermutlich in der Lage die Arbeit allein zu bewältigen. Anschließend werden die entstandenen Plakate in der Klasse ausgehängt.

b) *literarische Gestalten als Repräsentanten kultureller Tradition verstehen*
Generell spiegeln Bilderbücher die kulturelle Tradition wider, in der sie entstanden sind. Andererseits zeichnet sich spätestens seit den Bilderbüchern des Italo-Amerikaners Leo Lionni und des Deutsch-Amerikaners Eric Carle „in Stil und Thematik eine Tendenz zum Universalismus jenseits nationaler Spezifika ab.“[98] Wie Lionni und Carle gehört Sís unterschiedlichen Kulturen an. In *Madlenka* macht er kulturelle Kontexte zum Thema.

kulturelle Kontexte als Thema

Die angeleitete Bildbetrachtung soll dies bewusst machen. Auf den Seiten, auf denen Gestalten der deutschsprachigen Erzähltradition zu finden sind, wird für Kinder anderer Herkunftsländer und Kulturen Einiges erklärungsbedürftig sein. Werden anschließend Doppelseiten betrachtet, auf denen der Hintergrund einer anderen Kultur zitiert wird, finden sich möglicherweise entsprechende Experten unter den Kindern, die erklären können, was wohl gemeint ist.

Besuch bei „Frau Grimm“

Wenn Madlenka Frau Grimm besucht, sieht man eine alte Dame, die aus einem Fenster schaut. Sie lädt Madlenka ein: *„Komm, ich erzähl dir ein Märchen.“* Beim Umblättern zeigt sich eine in geheimnisvolles Grün getauchte Landschaft mit einem Fluss (gemeint ist wohl der Rhein) und mit von Burgen gekrönten Bergen. Frau Grimm kommt aus Deutschland.[99] Sie kennt viele Geschichten.

Zur Vorbereitung der Bildbetrachtungen sollten von zwei Doppelseiten des Bilderbuches Farbfolien gezogen werden (Abbildungen S. VIII in diesem Band). Es ist günstig, für die Bildbetrachtung den Raum ein wenig abzudunkeln. Mittels Tageslichtprojektor wird zunächst die erste Abbildung betrachtet. Sie zeigt „Frau Grimm“ in ihrem „Märchenfenster“. Das Fenster ermöglicht einen Durchblick auf die folgende Seite. Im Ausschnitt werden die *Bremer Stadtmusikanten* sichtbar, dazu die kleine Figur der Madlenka mit gelbem Regenschirm. Die Kinder werden aufgefordert das Bild in Ruhe anzuschauen. Nach einer Weile äußern sie, was ihnen zu der Darstellung einfällt. Da die beiden Sätze unter dem Bild Auskunft darüber geben, dass es um das Erzählen von Märchen geht, werden einige Kinder die Darstellung der *Bremer Stadtmusikanten* erkennen.[100] Es liegt nahe, sie zu fragen, was wohl auf der folgenden Seite abgebildet sein könnte bzw. was dort stattfinden könnte.

Blick in eine fantastische Welt

Die folgende Doppelseite ist von einem Vorhang eingerahmt: Dieser gibt den Blick frei auf eine fantastische Welt. Figuren aus unterschiedlichen literarischen Kontexten bevölkern die geheimnisvolle Landschaft. Die Darbietung der Doppelseite kann in zwei Teilen geschehen. Auf der linken Hälfte der Seite sind zu entdecken: der Struwwelpeter, Schneewittchen und die sieben Zwerge, Münchhausen, Siegfried, der Drachentöter, und Lohengrin. Auf der rechten Seite: die Bremer Stadtmusikanten, Hänsel und Gretel, der Kopf des Wolfes (Rotkäppchen und der Wolf). Einiges kann gedeutet werden, anderes bleibt auch für den erwachsenen Betrachter rätselhaft. So erweisen sich die Zähne des Wolfes als Fenster einer Eisenbahn, die in seinem Maul verschwindet. Das Rätselhafte unterstreicht die geheimnisvolle Wirkung der Doppelseite.

Die Kinder äußern sich zu Figuren, die sie wiedererkennen, und stellen zu anderen Elementen Vermutungen an. Dabei können sie die Freude des Wiedererkennens ebenso erfahren wie den Reiz des Unbekannten und der Mehrdeutigkeit. Vermutlich wird deutlich, dass zumindest ein Teil der auf dieser Bühne versammelten Figuren in uns Geschichten wach ruft. Das ist erstaunlich genug und lohnt ein Nachdenken darüber, wie es sein kann, dass erfundene Figuren, fiktive Gebilde, die uns auf dem Papier entgegentreten, in unseren Köpfen lebendig sind. Weil beim Vergleich mit anderen Doppelseiten des Buches deutlich wird, dass es jeweils andere Figuren sind, die eine Rolle spielen, mag eine Vorstellung davon entstehen, dass Menschen eines bestimmten Kulturkreises ihre eigenen Geschichten, ihre eigene literarische Tradition haben.

c) *schreibend in die magische Welt der Bilder eindringen*

Mit dem Schreiben zu Bildern wird ein Vorschlag gemacht, der von einem für Bild und Sprache gemeinsamen Nenner ausgeht: In beiden Fällen geht es um ästhetisches Erleben und ästhetischen Ausdruck. In der Theorie des einen wie des anderen Lernbereiches geht man davon aus, dass der Leser/Betrachter das Werk in seiner Wahrnehmung sozusagen für sich erschafft. Ästhetisches Erleben wird als aktives Dazutun gesehen. Im Schreibprozess findet der jeweilige Zugang zum Bild seinen Ausdruck. „Bilder brauchen Sprache, weil sie symbolisch sind, weil sie dem Betrachter etwas vermitteln möchten und so unter einem Verständigungsgebot stehen. Wenn wir über Bilder schreiben, dann bringen wir sie zur Sprache, lassen das in ihnen angelegte Bewusstmachen sinnlicher Erfahrung zur Wirkung kommen."[101] Für das Schreiben über Bilder und zu Bildern machen Deutschdidaktik und Kunstdidaktik Vorschläge.[102]

ästhetisches Erleben und ästhetischer Ausdruck

Der Vorschlag, der hier aufgegriffen wird, gilt nicht speziell dem Schreiben zu Bildern, sondern dem Geschichtenerfinden generell. Gianni Rodari, der über die Grenzen Italiens hinaus bekannte Autor, spricht in *Grammatik der Phantasie* von den Möglichkeiten, sich Geschichten für Kinder auszudenken und die Kinder anzuleiten, eigene Geschichten zu erfinden. Einen seiner Vorschläge nennt er „fantastische Hypothese"[103]. Die Technik ist einfach. Sie läuft auf die Frage hinaus: *Was wäre, wenn …* Rodari empfiehlt, ein beliebiges Subjekt und ein Prädikat zu wählen, z.B.: Was wäre, wenn die Stadt Reggio Emilia auf einmal fliegen könnte? Angewandt auf Sís' fantastische Darstellung könnten Fragen heißen: Was wäre, wenn Madlenka mit ihrem Schirm fliegen könnte? Was wäre, wenn einer der Berge auf dem Bild sprechen könnte? Was wäre, wenn der Struwwelpeter Schneewittchen träfe? Was wäre, wenn sich das Hexenhaus in ein Schloss verwandelte?

was wäre, wenn …

d) *Madlenkas Erlebnisse im Schattenspiel darstellen, dabei unterscheiden zwischen zwei Welten innerhalb des Erzählten*

Sís hat dem Bilderbuch zwei Ebenen eingeschrieben. Die Bilder erzählen zunächst von Madlenkas Alltagswelt, die bereichert ist durch die unterschiedlichsten Dinge, die in jeder Episode im Zusammenhang mit dem Herkunftsland des jeweiligen Gesprächspartners auftauchen. Diesen Seiten folgen doppelseitige Tableaus, die den Blick auf eine magisch-mythische Welt freigeben, die etwas von der geistigen Tradition des jeweiligen Landes widerspiegelt. Im Schattenspiel vor und hinter der Schattenwand kann die Unterschiedlichkeit dieser Welten herausgearbeitet werden.

zwei Welten im Schattenspiel

Das Schattenspiel[104] regt Grundschulkinder dazu an, sich produktiv mit bild- und wortsprachlichen, gestischen, akustischen bzw. musikalischen Zeichen zu befassen. Bildnerisches Denken ist hier in Form-, Farb-, Klang- und

Schattenspiel als Beitrag zu einer „ästhetischen Alphabetisierung“

Bewegungszusammenhängen notwendig. Das Schattenspiel kann folglich einen wichtigen Beitrag zu einer „ästhetischen Alphabetisierung“ leisten.

Für das Körperschattenspiel vor und hinter der Schattenwand sollte eine genügend große Schattenfläche aus Leinwand, Nessel oder geeigneter Kunstfaser vorhanden sein. Als einfachste Aufhängung kann eine straff gespannte Leine zwischen Kartenständern oder Korbballständern dienen. Als Lichtquelle bietet sich der Tageslichtprojektor an. Der Raum sollte abgedunkelt werden. Außerdem empfiehlt es sich, die Abgrenzung zwischen Spieler- und Zuschauerseite durch schwarze Tücher abzudecken. Der Schattenspieler bewegt seinen Körper zwischen der Leinwand und der auf halber Höhe angebrachten Lichtquelle.

Das Schattenspiel erfordert eine eigene Gebärdensprache. Da Kinder während des Spiels ihren Körperschatten nicht sehen können, sollten Spieler und Zuschauer häufiger abwechseln. Requisiten und Masken bewirken eine Gestalt- und Ausdruckveränderung des Spielers.

Für eine Darstellung im Schattenspiel können die Kinder analog zu den von Sís inszenierten Episoden eine eigene erfinden oder sie wählen, was einfacher ist, aus dem Bilderbuch einen Besuch Madlenkas aus. So können z.B. Folien der Abbildungen S. VIII als farbige Landschaftsprojektionen mit literarischen Figuren dienen.

Bevor Madlenka in diese magische Welt hinter der Schattenwand eintaucht, kann sich vor der Schattenwand (Alltagswelt) ihre Begegnung mit Frau Grimm abspielen. Während Frau Grimm erzählt, kann Madlenka hinter der Schattenwand verschwinden, um die Figuren in ihrer fantastischen Landschaft zu besuchen. Dabei kann eine Figur, die Madlenka berührt, lebendig werden. (Ein Kind taucht aus einem am unteren Rand der Schattenwand mit schwarzem Tuch abgedeckten Rand auf und spielt die Figur.)

musikalische Interpretationen: melodramatisches Verfahren

Der Wechsel der Erzählebenen (Spielebenen) kann auch musikalisch dargestellt werden. New York und anderen Orten wird jeweils eine bestimmte Klangfarbe zugeordnet. Hier eignet sich das melodramatische Verfahren, bei dem die Musik gleichzeitig mit oder nach einer sprachlichen Darbietung gespielt wird. Beispiele:

New York: Während Madlenka durch die Straßen hüpft, regnet es zunächst. Während vor der Leinwand gespielt wird, ist ein ständiges Regengeräusch zu hören („Regenmacher“, mit Fingern auf Tischen trommeln, Trommeln einsetzen).

Frankreich: Instrumente können Metallophon, Xylophon oder Klanghölzer sein. Als Anregung können Melodiephrasen oder die ganze Melodie aus dem Tanzlied *Sur le pont d'Avignon*[105] übernommen werden.

Indien: Klangteppich aus Glöckchen, Schellentrommel, Trommeln, Cymbeln und tiefen Tönen des Metallophons.

Italien: Als Instrument wenn möglich Gitarre, sonst Rasseln, Rhythmusinstrumente. Die Melodie des Tanzliedes *Bella Bimba* kann gespielt oder auf lalala gesungen werden.

Deutschland: Hier bietet sich das Lied *Hänsel und Gretel* an. Die Melodie kann von Flöte, Klavier oder Glockenspiel gespielt und von Klangstäben begleitet werden.

Lateinamerika: Als Instrumente eignen sich Rasseln, Kastagnetten, Guiro, Marimba, Xylophon, Panflöte. Tanzlieder wie *Cucaracha* oder *Samba Lele* könnten Melodievorlage sein.

Ägypten: Als Instrumente können eingesetzt werden: Trommeln, Bongos, Metallophon, Xylophon, Schellenbänder. Als Melodie kommt das Wüstenlied *Sum gali gali* in Frage.

China: Ein gleichmäßiger, wiederkehrender Rhythmus mit Becken, Gong, Trommel und Klangschale.

leitmotivisches Verfahren

Für die Figur der Madlenka kann zudem das leitmotivische Verfahren eingesetzt werden. Ein kleines Motiv und ein bestimmtes Instrument (z.B. Flöte oder Glockenspiel) charakterisieren die Figur. Auch ihr Laufen und Hüpfen kann dargestellt werden. (Treppenlaufen: Über das Glockenspiel streifen von hoch nach tief.)

Außerdem kann der Übergang in die fantastische Welt ein kurzes Motiv bekommen, z.B. wird mit hohen Tönen auf dem Glockenspiel ein Dreiklangmotiv ähnlich dem Klang einer Ladenglocke gespielt. Bei der Begegnung hinter der Leinwand kann eines der für dieses Land ausgewählten Instrumente herausgegriffen werden und die Bewegungen untermalen, z.B. die tiefen Töne des Metallophons in Indien für den Elefanten oder die Panflöte in Lateinamerika für den Vogel. Musik und Szene stehen dabei in unmittelbarer Kommunikation. Die Länge der Szene und ihr Ablauf können von den spielenden Kindern spontan improvisiert werden.

Neben dem eigenen Musizieren gibt es viele Hörbeispiele, die sich zur direkten Umsetzung von Musik in Bewegung auf der Schattenbühne eignen,[106] z.B. New York: Howard-Ragtime; Frankreich: Norin/Noris: Frühling in Paris etc.[107]

e) *sich von Bild und Text zu eigenen produktiven Formen der Aneignung anregen lassen*

Der Vorschlag, die Kinder eigene Ideen zusammentragen zu lassen, erfolgt erst jetzt; er kann aber, je nach Lerngruppe, auch zu einem früheren Zeitpunkt umgesetzt werden. Die Kinder überlegen, wozu die Bilder von Peter Sís sie anregen, was sie erleben und erkunden möchten. Die Einfälle werden in kleinen Gruppen oder gemeinsam mit der ganzen Lerngruppe auf Plakaten zusammengetragen. Auf folgende Ideen könnten die Kinder z.B. kommen:

Einfälle auf Plakaten zusammentragen

– Geografische Orientierung gewinnen: Auf der letzten Seite des Bilderbuches ist ein Globus abgebildet, auf dem die Länder vermerkt sind, von denen das Buch erzählt. Die Darstellung ist insofern verfremdet, als es sich um eine Weltkarte handelt, auf der alle Erdteile zu sehen sind. Von dieser Seite kann die Anregung ausgehen, sich selbst auf dem Globus zu orientieren.[108]

- Selbst Bilder mit Märchenfiguren malen. Für Bilder, die etwas von dem geheimnisvollen Charakter der Sís-Illustrationen haben, eignet sich die Technik der Wachskratzzeichnung.
- Märchen und Sagen aus unterschiedlichen Ländern hören/lesen. Dazu können Bücher von zu Hause mitgebracht oder aus der Bücherei ausgeliehen werden. Ebenso könnten CDs und Kassetten mitgebracht und angehört werden. Es wäre zu überlegen, ob man jemanden einladen kann, der aus einem anderen Kulturkreis stammt und Geschichten erzählt.
- Musik aus anderen Ländern/Kulturkreisen hören.

weitere Buchempfehlungen

● Müller, Jörg: Der standhafte Zinnsoldat.
In Bildern frei nacherzählt nach dem gleichnamigen Märchen von Hans Christian Andersen. Sauerländer, Aarau 1996.
Das Buch ist als reine Bildfolge konzipiert. Das Andersen-Märchen liegt als Textblatt bei. Dreißig großformatige, naturalistische, teils düstere Farbtafeln erzählen die Geschichte des einbeinigen Zinnsoldaten und der Prinzessin, in die er sich verliebt, neu. An die Stelle der Prinzessin tritt eine Barbiepuppe. Als weggeworfenes Spielzeug gelangen der Zinnsoldat und die Puppe in die Kanalisation einer Großstadt und in einen Fischbauch. Ihre rasante Odyssee endet auf einer Müllkippe in Afrika. Dort setzt sie ein Kind in ein aus Abfällen gebasteltes Spielzeugauto. Touristen kaufen das Spielzeug als Souvenir. Am Ende landen die beiden Figuren in der Vitrine eines ethnologischen Museums. Je nach Alter und Vorkenntnissen liest sich die Bildfolge als Abenteuer oder als zeitkritische Erzählung.[109]

● Sís, Peter: Tibet. Das Geheimnis der roten Schachtel.
Aus dem Englischen von Michael Krüger. Carl Hanser Verlag, München 1998.
Die Erzählung beginnt in Prag mit einer Schachtel und einem Tagebuch, hinterlassen von einem Mann, der in Tibet Dokumentarfilme drehte und verschwunden ist. Sein Sohn begegnet in diesem Tagebuch einer fremden und geheimnisvollen Welt. Das Land, seine Kultur und seine Mythen werden als Reisebericht mit Kommentaren, Karten, Zeichnungen und Bildern vorgestellt. Deutlich werden auch die Eingriffe der chinesischen Diktatur in Tibets Leben und Denken.

8.6 Fantastische Reisen

Motiv des Reisens

Das Reisen ist ein Grundmotiv der Erzählliteratur. Immer wieder sind es Aufbrechende, Fort- und Umziehende, von denen Geschichten handeln. Märchenhelden gehen von zu Hause fort und machen ihre Erfahrungen in der Welt. Odysseus, Parzival und Robinson Crusoe brechen auf ins Unbekannte. Mit den Helden gelangen wir als Leser in andere Welten und vernehmen die Botschaft, dass es nicht unsere Bestimmung ist, uns mit dem Gegebenen abzufinden. Das Reisen ist Zeichen und Mittel des Bildungsprozesses.[110]

Fantastische Reisen können in unterschiedliche Richtungen gehen: ins abenteuerlich Ferne oder ins Nahe und Innere, in die Welt des Traums; immer sind sie jedoch bezogen auf den Gewinn von Autonomie. Das literarische Motiv korrespondiert mit dem Grundbedürfnis der Kinder, Vertrautes zu verlassen, in die Welt zu ziehen und unabhängig zu werden. Dass dabei die Rückkehr in die Geborgenheit eine wichtige Rolle spielt, erzählen Geschichten wie *Wo die wilden Kerle wohnen.*

Reisen in die Ferne oder ins Innere

8.6.1 Wo die wilden Kerle wohnen, Maurice Sendak

Aus dem Amerikanischen übersetzt von Claudia Schmölders. Diogenes Verlag, Zürich 1967.

Das vielleicht weltweit berühmteste Bilderbuch der vergangenen vierzig Jahre, 1963 in Amerika erschienen, ist seit den 1970er Jahren ein Bestseller. Die Geschichte beginnt: *„An dem Abend, als Max seinen Wolfspelz trug, ….“* Max macht Unfug, die Mutter schimpft, Max schimpft zurück: *„Ich fress dich auf.“* Zur Strafe muss er ohne Essen ins Bett. In seinem Zimmer wächst nun ein Wald, weitet sich aus und wird *„so groß wie die ganze Welt“*. Der fantastisch geweitete Raum wird zum *„Land der wilden Kerle“*. Das sind tapsige Ungeheuer, grässlich und skurril zugleich. In einem Boot tritt Max die Reise in das Land der wilden Kerle an. Er wird ihr König. Nach einer großen Toberei zähmt er die Monster, indem er ihnen fest in die Augen blickt. Dann werden sie – jetzt hat Max die Macht – ohne Essen ins Bett geschickt. Nachdem Max sich ausgetobt und die Ungeheuer gezähmt hat, kann die Traumlandschaft verschwinden, sich zurückverwandeln in das vertraute Zimmer, in dem es gut riecht. Das Essen wartet auf Max – es ist noch warm.

„by Max“: der Ursprung der Traummonster

Gundel Mattenklott macht auf die psychologische Raffinesse aufmerksam, mit der Sendak fast beiläufig auf den Ursprung der Traummonster in der kindlichen Fantasie hinweist. *„By Max“* ist die an die Wand gepinnte Zeichnung eines Ungeheuers unterschrieben, das später im Traum auftaucht.[111] Meisterhaft zeigen Sendaks Bilder den Wechsel von der Realitätsebene in die Traumebene an. Das Bildformat weitet sich bis zum Höhepunkt des Geschehens, dem wilden Fest, auf dem Max König wird – hier füllt ein monoszenisches Bild die Doppelseite. Dann verkleinert es sich wieder bis zur Größe der Anfangsszene. Der Text sagt nicht ausdrücklich, dass Max aus einem Traum zurückkehrt, aber wenn das Essen noch warm ist, dann kann er nur geträumt haben – das finden Kinder ohne Mühe heraus, weil sie sich auskennen mit der „Logik des Unlogischen“, wie Sendak es in einem Interview genannt hat.

Wechsel von Realitäts- und Traumebene

Maurice Sendak wurde 1928 als Kind jüdischer Einwanderer in Brooklyn/New York geboren. Charakteristischer Themenbereich der von ihm illustrierten Bücher, vor allem der auch von ihm selbst geschriebenen, ist die Welt frühkindlichen Erlebens. In einem Interview von 1974 präzisiert er: wie Kinder überleben.

Sendak knüpft an die Tradition der englischen und mitteleuropäischen Kinderbuchillustration des 19. Jahrhunderts an, mit dem feinen Strich der Kreuzschraffur und den zarten Wasserfarben, die meist zur Kolorierung eingesetzt werden.[112] Er spielt (wie Gorey und Sís) virtuos mit den anachronistischen Stilmitteln. Sie werden nicht verwendet, um idyllische, von aller Zivilisation unberührte, heile Kinderwelten darzustellen. Hinter dieser „Verkleidung“ ist sehr wohl Gegenwärtiges zu entdecken. Ihr Ziel ist es, „die Gegenwart gewissermaßen von der Rückseite her zu begreifen.“[113]

Spiel mit anachronistischen Stilmitteln

Unterrichtsanregungen 1.–2. Schuljahr

Ziele:
- beim darstellenden Spiel mit Masken in die Rolle des Max bzw. in die eines „wilden Kerls“ schlüpfen,
- die produktive Korrespondenz von Text und Bild wahrnehmen,
- angeregt von der Text-Bild-Sequenzierung des Bilderbuches ein eigenes Bilderbuch gestalten.

Material:
- evtl. vorbereitete Grundformen für die Masken,
- Zeitungspapier, Pappreste, farbige Papiere,
- Tapetenleim,
- Folie zum Abdecken der Tische,
- Volltonfarbe in Grün, Braun, Schwarz.

a) *beim darstellenden Spiel mit Masken in die Rolle des Max bzw. in die eines „wilden Kerls“ schlüpfen*

Rollenspiele

Das Bilderbuch eignet sich für Theateraufführungen für Zuschauer. (Sendak selbst hat eine Bühnenfassung des Bilderbuches eingerichtet.) Für Kinder des 1. und 2. Schuljahres ist aber auch das spontane Spiel reizvoll, bei dem es nicht um eine Aufführung für Zuschauer geht. Kleine Kinder sind Meister der expressiven Darstellung von Gefühlen und Wünschen. Spätestens in der Schule müssen sie dann lernen, sich auf eine gesittete und regelgerechte Kommunikation zu beschränken. Es macht aber durchaus Sinn, ihre Fähigkeit zum „alltäglichen Theater“ aufzugreifen und zu kultivieren.[114] Im darstellenden Spiel können die Kinder in eine fremde Rolle schlüpfen und die eigenen Ausdrucksmöglichkeiten erproben. Das gemeinsame Spiel bietet einen Freiraum für das Ausleben von Gefühlen – und zugleich einen schützenden Rahmen, der den ungestümen Spieltrieb eingrenzt.

Für Spielszenen zu *Wo die wilden Kerle wohnen* ist das Maskenspiel geeignet. Mit der Maske entrückt der Spieler dem Zuschauer. Weil das eigene

Gesicht verborgen ist, gelingt es vielleicht auch einem eher ängstlichen Kind, ein „wilder Kerl" zu sein. Maskenspiel ist Bewegungsspiel des ganzen Körpers. Es gibt Gelegenheit, sich neu und heftig auszuprobieren, extrem zu sein, wild und gefährlich. Das kann befreiende Wirkung haben.

Monstermasken herstellen

Die Masken können, am besten als Ganzkopfmaske, aus Papier- und Papp-resten hergestellt werden. Die Grundform kann vorgegeben werden. Geeignet ist eine zylindrische Form aus festerer Pappe mit Öffnungen für die Augen. Die Kinder arbeiten mit Zeitungspapier und Tapetenleim. Die Technik sollte zuvor demonstriert werden. Man streicht Zeitungspapier mit Tapetenleim ein, formt es und pappt es an die Grundform an. So entstehen Hörner und Stacheln, Augenbrauen, Mund und Nase der Monster. Wenn das Material getrocknet ist, kann die Maske mit Volltonfarbe bemalt werden. (Einfacher herzustellen sind Masken aus großen Einkaufstaschen aus Papier, die mit farbigem Papier ausgestaltet werden.)

Vorschläge zur Vorbereitung des Spiels

- Spiegeln (Partnerarbeit): Ein Monster ahmt die Bewegungen des anderen wie im Spiegel nach,
- Zur Musik bewegen sich alle Monster im Raum. Bei Musikstop werden die Bewegungen ‚eingefroren'. Das Einfrieren gibt den Spielern die Chance, sich zu sammeln und sich gegenseitig anzuschauen.
- Die Monster schlafen. Langsam erwachen sie. Sie strecken sich, springen sich wach. Sie gehen Nahrung suchen. Sie schwimmen zu einer Insel, klettern auf einen Felsen …
- Nach diesen Vorübungen spielen die Kinder die Szenen im Land der wilden Kerle. Die Rolle des Max sollte wechseln.

Weitere Möglichkeiten:
Namen für die Monster erfinden, eine Monstersprache kreieren, eine Geräuschkulisse für den Monsterauftritt gestalten und auf Tonband aufnehmen etc.

b) *die Korrespondenz von Text und Bild wahrnehmen (3.–4. Schuljahr)*
Kinder werden in der Grundschule häufig dazu angeregt, eigene Bilderbücher zu gestalten. Weshalb nicht einem Künstler „über die Schulter schauen" und genauer erkennen, wie er Bild und Text kombiniert hat? *Wo die wilden Kerle wohnen* kann als exemplarisches Beispiel gelten.

dem Künstler „über die Schulter schauen"

Nach Vorsatz und Titel (mit einer Illustration von zwei wilden Kerlen und Max mit Wolfspelz und Krone) beginnt die erste Doppelseite der Geschichte links mit großzügiger weißer Fläche und einem Halbsatz: *„An dem Abend, als Max seinen Wolfspelz trug"*. Auch auf den folgenden Doppelseiten wird die Schrift links sein, das Bild rechts, bis die sukzessiv größer werdenden Bilder sich über die Mitte der Doppelseite hinaus nach links ausdehnen. Wenn die Bilder beide Doppelseiten füllen, läuft der Text unterhalb der Bilder weiter. In der Mitte des Buches verschwindet der Text. Die Bilder nehmen drei Dop-

pelseiten lang den gesamten Platz ein. Dann erscheint der Text wieder unterhalb der Bilder, später nimmt er seinen anfänglichen Platz auf der linken Hälfte der Doppelseite wieder ein. „Die Bildidee, die der Text entfaltet, enthält durch die Illustrationsfolge, die auch in ihren Bildformaten, ‚anschwillt', eine konkrete Form. Die Parallelität der Bilder zur Textaussage ist dabei viel mehr als eine direkte Umsetzung, denn die Gegenständlichkeit der Farbzeichnungen ergänzt und erweitert die Textebene um eine sich auflösende Räumlichkeit des Zimmers, um die Dimension der Farbe und des Farbwandels sowie um etliche Details."[115]

8.6.2 Der fliegende Robert

Aus: Heinrich Hoffmann: Der Struwwelpeter oder lustige Geschichten und drollige Bilder. *Nachdruck 1990. Diogenes-Verlag, Zürich.*

Das erste Bilderbuch, in dem Text und Bild gleichwertig zusammenwirken.

Heinrich Hoffmann (1809–1894) war Arzt. Er dachte zunächst nicht an eine Veröffentlichung seiner Bildergeschichten. Sie wurden aufgezeichnet, weil er seinem Sohn zu Weihnachten 1844 ein Bilderbuch schenken wollte und nichts Geeignetes finden konnte. So kaufte er ein Heft und füllte es selbst mit Bildern und Versen. Dabei konnte er auf einen Fundus von Gestalten und Geschichten zurückgreifen, der nach und nach zur Beruhigung und Ablenkung kindlicher Patienten entstanden war. Erst in der fünften Auflage (1847) gab sich der Autor mit vollem Namen auf dem Titelbild zu erkennen. Diese Ausgabe umfasste auch die „*Geschichte vom fliegenden Robert*". „Hoffmann führte Illustration und Erzählung zur Bildergeschichte zusammen. So entstand erstmals ein Buch, in dem Text und Bild gleichwertig zusammenwirkten."[116]

Der Struwwelpeter wurde in viele Sprachen, auch Minderheitensprachen, übersetzt. Allein in deutscher Sprache erlebte er mehr als fünfhundert Auflagen – die nach dem Ablauf des Urheberrechtsschutzes erfolgten Nachdrucke nicht gerechnet. Das Buch forderte Beifall und Kritik heraus. Letztere galt vor allem der Grausamkeit der geschilderten Bestrafungen. Diese dürften für heutige Kinder ihren Schrecken eingebüßt haben, weil sie kaum noch auf den Kanon von Tugenden hin verpflichtet werden, die in den Geschichten eine Rolle spielen.

Es ist erstaunlich, mit welcher Eindringlichkeit die Gestalten aus dem *Struwwelpeter* seit dessen Erscheinen lebendig geblieben sind. Vielen Erwachsenen sind der Struwwelpeter selbst, Paulinchen, der Daumenlutscher und andere Gestalten vertraut. Der Schriftsteller Peter Weiß erinnert sich an den fliegenden Robert wie an eine Szene aus einem eigenen Traum. „Meine Kindheit ist eingeätzt in die gläserne Klarheit dieses Bildes, hoch in der Luft der Fliegende am kleinen roten Schirm, fortgeweht über die Bäume und das grüne Feld und die weiße Kirche, und hinter ihm die schwarze Wolke mit dem schräg hervorbrechenden Regenguss."[117]

Im *fliegenden Robert* wird ein Motiv aufgenommen, das eine lange literarische Tradition hat. Einen bildhaften Ausdruck fand es in Pegasus, dem geflügelten Ross des Dichters. Es ist Chiffre des Poetischen schlechthin, auslösendes Motiv für das Inkrafttreten poetischer Bedingungen, möglicher Welten.[118] Das Motiv taucht in der griechischen Sage als Flug (und Sturz) des Ikarus auf und bevölkert noch heute die Vorstellungswelt der Comics und Filme mit Helden, die sich aus eigener Kraft in die Lüfte erheben, auch im Zeitalter der Düsenjets.

Fliegen als Chiffre des Poetischen

Unterrichtsanregungen 2.–4. Schuljahr

Ziele:
- ein Fluggerät zeichnen, mit dem der fliegende Robert heute davonfliegen könnte,
- Bilder und Geschichten von anderen fliegenden Figuren der Kinderliteratur kennen lernen,
- Begegnungen von fliegenden Figuren aus unterschiedlichen Kontexten auf der Bühne eines Papiertheaters inszenieren.

Material:
- Schuhkartons (auch größere Pappkartons),
- Fotos aus Illustrierten, Kunstkalendern etc. (für auswechselbares Bühnenbild),
- dünne Pappe für Figuren,
- dünne Holzstäbe zum Führen der Figuren,
- Farben, Teppichmesser, Klebstoff.

a) *ein Fluggerät zeichnen, mit dem der fliegende Robert heute davonfliegen könnte*

Seit jeher träumen die Menschen davon, fliegen zu können. Die Kinder haben an diesem Traum ihren Anteil. Ob es nun fantastische Traumfähren sind oder Flugzeuge und Raumschiffe, die Kinder in der Alltags- oder Medienwelt vorfinden – sie alle setzen die Vorstellungskraft in Bewegung.

Die Geschichte vom fliegenden Robert sollte vorgelesen werden. Das erinnert die Kinder möglicherweise an familiäre Vorlesesituationen, in denen auch der *Struwwelpeter* eine Rolle spielte. Daran wird sich ein Gespräch anschließen, in dem die Kinder von ihren Vorerfahrungen erzählen, sich zum *fliegenden Robert* äußern und vielleicht auch auf andere fliegende Figuren zu sprechen kommen. Im Anschluss kann die Lehrerin bzw. der Lehrer ihnen eine Vorausschau auf die geplanten unterrichtlichen Aktivitäten geben.

Erinnerungen an Vorlesen in der Familie

Die Kinder werden angeregt zu zeichnen, mit welchem Fluggerät sie fliegen würden, wenn sie Robert wären (s. *Kopiervorlage 12*). Beim Vorstellen der

Bücher mitbringen und ausstellen

Zeichnungen wird das Interessenspektrum der Kinder deutlich, möglicherweise auch ihr Wissen über die Entwicklung der Fluggeräte. Technisch Interessierte können Bücher mitbringen und ausstellen bzw. ihr Wissen für andere zusammentragen und z.B. auf einer Wandzeitung dokumentieren.

b) *Bilder und Geschichten von anderen fliegenden Figuren der Kinderliteratur kennen lernen*

Die Literatur erzählt von den unterschiedlichsten Flugerfahrungen. Hier wird vorgeschlagen, vom Bilderbuch ausgehend den Blick auf die Kinderliteratur und darüber hinaus zu weiten. Kinderliteratur kann generell als „Durchgangslektüre" verstanden werden. Gundel Mattenklott plädiert für diesen anderweitig problematisierten Begriff. Nichts Entwertendes liege in der Vorstellung, „Durchgangslektüre" sei als Helfer willkommen und nötig. Die besten Bücher seien zweifellos die, die am weitesten mitgehen, die die Distanz zwischen Kindheit und Erwachsenenwelt überbrücken. Bücher, die „Denkbilder" geben, in denen immer wieder Neues zu entdecken ist. „Solche Bücher, die trotz der Verpflichtung zu leichter Lesbarkeit und Verständlichkeit eine gewisse ästhetische Komplexität erreichen (…)."[119]

das Bilderbuch als Brücke zum Kinderbuch und darüber hinaus

Eine mögliche Brücke vom Bilderbuch zum Kinderbuch und darüber hinaus zur Literatur der Erwachsenen kann das Motiv sein. Ein Motiv wie das des Fliegens spiegelt menschliche Wünsche und Träume wider. Es lässt sich literarisch weit zurückverfolgen und kann den Kindern in unterschiedlicher Weise begegnen. So kann sich die Bekanntschaft mit fiktiven Figuren erweitern und jeweils erneuern, der kleine Hävelmann, Däumelinchen und Münchhausen können zu denjenigen kommen, die hier vorgestellt werden. Ebenso kann Interesse geweckt werden an Fluggeräten, die Leonardo da Vinci vor fünfhundert Jahren zeichnete, an den Flugkonstruktionen eines Otto Lilienthal oder den Flugversuchen des Schneiders von Ulm.[120] Auf der *Kopiervorlage 13* werden literarische Vorfahren und Nachfahren des fliegenden Robert vorgestellt:

1) Der fliegende Robert selbst,
2)/3) Daidalos, der begabte Erfinder der griechischen Sage, mit seinem Sohn Ikaros,
4) Mary Poppins, das ungewöhnliche Kindermädchen (Pamela L. Travers),
5) Peter Pan, der Junge, der nicht erwachsen werden will (James M. Barrie), Disney-Illustration,
6) Nils Holgersson, der eine wunderbare Reise durch Schweden macht (Selma Lagerlöff),
7) Die Biene Maja, die ihren ersten Flug gebotswidrig ausdehnt (Waldemar Bonsels), als Zeichentrickfilm-Figur,
8) Karlsson vom Dach, der kleine selbstbewusste Mann, von dem nur Lillebror weiß (Astrid Lindgren),
9)/10) Batman, Spiderman als Vertreter der fliegenden Comic-Helden,
11) Frau Meier aus *Frau Meier, die Amsel* (Wolf Erlbruch).

Die Seite hat für die Kinder einen gewissen Rätselcharakter, weil ihnen nicht alle Figuren bekannt sein werden. Andere sind vermutlich bekannt aus Büchern, Filmen, dem Fernsehen und aus „Fernsehbüchern“. So kann es einen regen Austausch geben. Dabei entsteht möglicherweise die Lust mehr zu erfahren. Man kann die Kinder anregen Bücher, Kassetten und Comic-Hefte von zu Hause mitzubringen oder in der Bücherei auszuleihen. Es bietet sich an, sie Stellen auswählen zu lassen, die vorgelesen werden. Freie Lesezeiten können genutzt werden, um allein oder in Gruppen zu lesen. Die Lesestunden können durch Hörangebote ergänzt werden. Lese- und Hörerfahrungen werden in kleinen Gruppen oder in der Klassengruppe besprochen.

Bücher, Kassetten und Comic-Hefte

c) *Begegnungen von fliegenden Figuren aus unterschiedlichen Kontexten auf der Bühne des Papiertheaters inszenieren*

Papiertheater sind eine Erfindung des 19. Jahrhunderts. In ihrem Aussehen lehnten sie sich an die großen Theaterbühnen für Erwachsene an. Sie machten ein breites Publikum mit berühmten Bühnenstücken bekannt. Theater, Kulissen und Figuren wurden zum Ausschneiden auf Bilderbögen gedruckt. In der Mitte des 19. Jahrhunderts wurden die Papiertheater zunehmend auch Kinderspielzeug.

Papiertheater – eine Erfindung des 19. Jahrhunderts

Das Papiertheater ist Gegenstand und Mittel „ästhetischer Erziehung“ im umfassenden Sinne.[121] Gestaltung von Bühne, Dekorationen und Figuren, Umsetzung literarischer Vorlagen und musikalische Begleitung fordern fachübergreifenden Unterricht.

In der einfachsten Version (mittels Schuhkarton) sind Papiertheater leicht herzustellen. Für die Frontgestaltung kann die *Kopiervorlage 8* verwendet werden. Man schneidet Säulen und Vorhang aus und klebt sie auf den Deckel .

ein einfaches Papiertheater herstellen

In eine der langen Seitenwände des Schuhkartons wird ein großes Rechteck geschnitten, so dass die Stabfiguren von oben gespielt werden können. Boden und Rückwand des Kartons können bemalt werden. Veränderungen des „Bühnenbildes“ werden möglich, wenn seitlich schmale Schlitze angebracht werden, durch die weitere Bühnenbildgestaltungen auf dünnem Karton geschoben werden können. Als Bühnenbilder eignen sich Darstellungen aus Kunstkalendern und andere Abbildungen.

Die Figuren werden von der *Kopiervorlage 13* fotokopiert oder auf Zeichenpapier gemalt und mit Pappe verstärkt. Sie werden an längeren Holzstäben befestigt, so dass sie von oben im Papiertheater vor der Kulisse agieren können.

Papiertheater eignen sich für das Spiel in kleinen Gruppen. Zuschauer und Spieler wechseln. In den improvisierten Spielszenen können zwei fliegende Figuren aufeinander treffen. So kann Mary Poppins sich von Ikaros in das ferne Griechenland mitnehmen lassen, Karlsson vom Dach könnte Peter Pan kennen lernen usw. Die Begegnung von Figuren aus unterschiedlichen Kontexten ist für Kinder ausgesprochen Fantasie anregend. Mit der Einführung der jeweiligen Figur in eine Szene steht den Kindern „Erzählmaterial“ zur Verfügung:

Handlungsorte, Geschehen, sogar das Sprachverhalten der Figuren werden ins Spiel gebracht.

weitere Buchempfehlungen

● ERLBRUCH, WOLF: FRAU MEIER, DIE AMSEL.
2. Auflage. Peter Hammer Verlag, Wuppertal 1995. (2.–4. Schuljahr)
Frau Meier macht sich Sorgen. Große und kleine – und völlig unnötige, wie Herr Meier findet. Eines Morgens findet sie eine junge Amsel, die aus dem Nest gefallen ist. Sie nimmt sich des kleinen Vogels an, der sie schließlich das Fliegen lehrt. Die Geschichte ist als ironische Umkehrung angelegt. Auch Kinder wissen, dass die Menschen von den Vögeln das Fliegen gelernt haben. Und nun soll es umgekehrt sein? Erlbruchs flächige Bildstruktur, die Sparsamkeit der Illustration, erinnert an japanische Kunst. Humorvoll zeichnet er den Kontrast zwischen Mensch und Vogel.[122]

● HEIDELBACH, NIKOLAUS: EIN BUCH FÜR BRUNO.
3. Auflage. Beltz & Gelberg, Weinheim 2000. (2.–4. Schuljahr)
Auf dem Titelbild sieht man eine spannungsvolle Szene: Zwei Kinder fliegen über ein tiefblaues Meer, das Mädchen sitzt rittlings auf einem Buch wie auf einem fliegenden Teppich. Mit der rechten Hand hält es einen Jungen, der frei in der Luft hängt und offenbar mitgenommen wird auf eine seltsame Reise.

Auf die Reise, von der hier erzählt wird, nimmt das Mädchen Ulla den Jungen Bruno mit. Die Kinder werden zu Helden der Geschichte, die sie lesen. Am roten Lesebändchen geht es ab in eine rätselhaft-gefährliche Welt. „Am Ende hat das süße Gift der Lese-Leidenschaft seine Wirkung getan – Bruno wird zu neuen Leseabenteuern wiederkommen.“[123]

● NESBIT, EDITH/INGA MOORE: DAS VERBOTENE BUCH.
Aus dem Englischen von Reinhard Tiffert. Edition Riesenrad, Hamburg 2001. (3.–4. Schuljahr)
Die Erzählung wurde erstmals 1900 veröffentlicht. Inga Moore hat den (gekürzten) Text neu illustriert. Die Erzählung handelt von Leon, einem Jungen, der unerwartet König wird. Bei der Führung durch die königliche Bibliothek wird ihm empfohlen: „Ihr solltet diese Bücher nicht lesen.“ Aber Leon hat eines bereits besonders im Visier: *Das verbotene Buch* steht auf dem prachtvollen Ledereinband. Schon hat er die goldenen Schließen geöffnet und die erste Seite aufgeschlagen. Da löst sich ein Schmetterling vom Blatt und flattert davon. Ihm folgt ein blauer Paradiesvogel und diesem ein großer roter Drache, der eine Menge Unheil anrichtet. Noch einmal schlägt Leon das Buch auf und diesmal ist ein freundliches Wiehern zu hören. Aus dem Buch springt ein weißes Pferd mit großen Flügeln.

erneut Figuren, die sich vom Blatt lösen und „lebendig“ werden

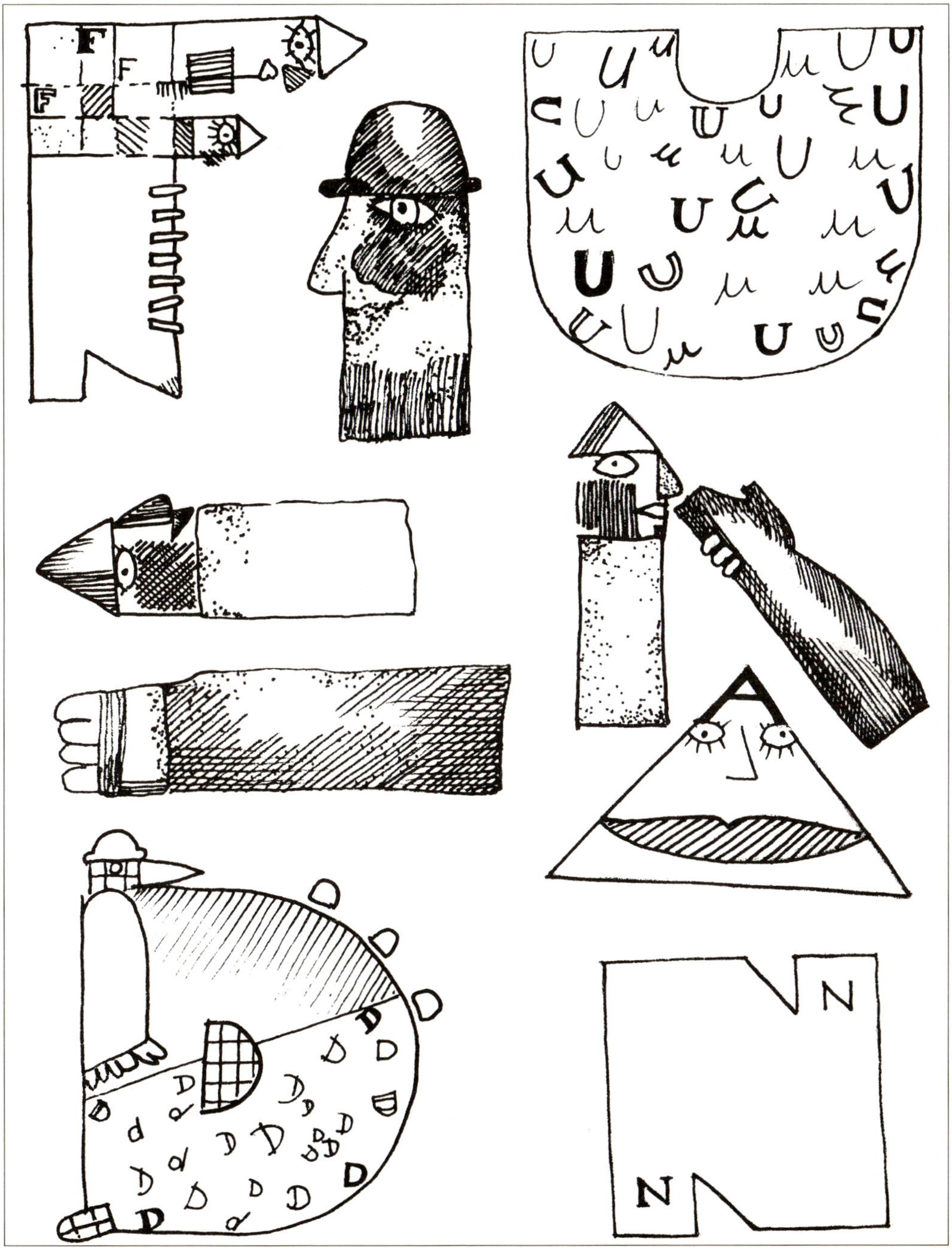

Hallo, Kinder,
ich kann

Hallo, Tiger,

Die Bremer Stadtmusikanten

1 Es hatte ein Mann einen Esel, der ihm schon lange Jahre treu gedient hatte, dessen Kräfte aber nun zu Ende gingen, so dass er zur Arbeit immer untauglicher ward. Da wollt ihn der Herr aus dem Futter schaffen, aber der Esel merkte, dass kein guter Wind wehte, lief fort und machte sich auf den Weg nach Bremen, „dort", dachte er, „kannst du ja Stadtmusikant werden".

2 Ehe er einschlief sah er sich noch einmal nach allen vier Winden um, da deuchte ihn, er sähe in der Ferne ein Fünkchen brennen, und rief seinen Gesellen zu, es müsste nicht gar weit ein Haus sein, denn es scheine ein Licht. Sprach der Esel: „So müssen wir uns aufmachen und noch hingehen."

3 Nun machten sie sich auf den Weg nach der Gegend, wo das Licht war, und sahen es bald heller schimmern, und es ward immer größer, bis sie vor ein hell erleuchtetes Räuberhaus kamen. Der Esel, als der größte, machte sich ans Fenster und schaute hinein. „Was siehst du, Grauschimmel?", fragte der Hahn. „Was ich sehe?", antwortete der Esel, „einen gedeckten Tisch mit schönem Essen und Trinken, und Räuber sitzen daran und lassens sich wohl sein." „Das wäre was für uns", sprach der Hahn. „Ja, ja, ach, wären wir da!", sagte der Esel. Da ratschlagten die Tiere, wie sie es anfangen müssten, um die Räuber fortzubringen, endlich fanden sie ein Mittel. Der Esel musste sich mit den Vorderfüßen auf das Fenster stellen, der Hund auf des Esels Rücken, die Katze auf den Hund klettern, und endlich flog der Hahn hinauf und setzte sich der Katze auf den Kopf. Wie das geschehen war, fingen sie insgesamt auf ein Zeichen an ihre Musik zu machen: Der Esel schrie, der Hund bellte, die Katze miaute und der Hahn krähte; dann stürzten sie durch das Fenster in die Stube hinein, dass die Scheiben klirrend niederfielen.

4 Und der das zuletzt erzählt hat, dem ist der Mund noch warm.

①

②

Schneide die beiden Blätter mit dem Krokodil aus.
Klebe sie am linken Rand oder tackere sie zusammen.
Rolle das obere Blatt eng um einen Bleistift.
Bewege den Bleistift hin und her.

Dezember war seit vielen, vielen Jahren mit seinem Leben zufrieden. Er lebte in seinem Schloss, weitab von den Menschen, und einmal im Jahr war er Herr über das Land. Nie war es anders gewesen. Manchmal wollte ihm einer vom Frühling und vom Sommer oder auch vom Herbst erzählen, aber er hörte kaum zu. Er wollte davon nichts wissen. Was sein Monat brachte, das war sein Leben, das machte ihn glücklich oder traurig.

Dezember hatte immer etwas zu tun: Er rief den Wind, dass er die letzten Blätter von den Bäumen fegte, er ließ die Lichter anzünden, denn die Tage waren kurz, er schickte Schneeschauer über das Land, damit die Blumen und Gräser eine warme Decke hatten, besonders an den frostigen Wintertagen. (…)

Einmal, in einer stürmischen Nacht, hielt der Wind, der die Welt umweht und alles sieht und alles kennt, vor Dezembers Schloss an, um ihm eine kleine Geschichte zu erzählen. Nach diesem seltsamen Nachtbesuch blieb Dezember tagelang in seinem Schloss. Er spielte Flöte und baute bunte Drachen, was schon immer seine liebste Beschäftigung war. Nachdenklich ging er in seinem Schloss umher und versuchte, die Geschichte vom großen Wind zu vergessen, doch sie ließ ihm keine Ruhe mehr.

Er hatte ihm von bunten Blumen und von Vögeln erzählt, die im Frühling ihre Nester bauen und ihre Lieder singen. Auch von Bäumen, die grüne Kleider und duftende Blüten tragen, hatte er erzählt. Und von herrlichen Früchten.

DER MOND

Wenn er neu war,
erschien er als
ein kleiner Bogen.
Sehr langsam wuchs er,
wurde größer, rund,
scheibenförmig.
Und wenn er seinen
Glanz erreicht hatte,
wurde er nach und nach
wieder klein.

Mond

Der Mond ist ein Himmelskörper.
Er kreist um die Erde.
Und mit der Erde kreist er um die Sonne.
In 28 Tagen dreht der Mond sich außerdem
einmal um sich selbst.
Alle 28 Tage haben wir Vollmond.
Danach nimmt der Mond ab.
Nach 14 Tagen ist Neumond.
Darauf folgt der zunehmende Mond.
Nach 14 Tagen ist wieder Vollmond.

CROISSANTS
BAGUETTES
MADELEINES
OBSTKUCHEN
MANDELTÖRTCHEN
SCHOKOLADENTORTEN
ZUM GEBURTSTAG BACKT ER MIR IMMER EINEN KUCHEN MIT EINER ROSA BALLERINA OBEN DRAUF...
ER ERZÄHLT MIR VON PARIS
UND VON FRANKREICH
HERR GASTON BACKT
JETZT BIN ICH EIN GROSSES MÄDCHEN
HALLO, HERR GASTON
MEIN ZAHN IST LOCKER!

Stell dir vor, du könntest
wie Robert davonfliegen.
Welches Fluggerät
würdest du wählen?

5
6
1
2
10
3
8
4
7
11
9

9 Methodische Anregungen im Überblick

Über Bilderbücher sprechen, zu Bilderbüchern erzählen

Eindrücke und Einfälle austauschen; Texte und Bilder mit den Augen anderer betrachten	Lionni: Seine eigene Farbe, S. 56* Browne: Stimmen im Park, S. 59
Zum Titel des Buches assoziieren	Solotareff: Du groß und ich klein, S. 70
Erzähltes auf eigene Erfahrungen beziehen	z.B. Lionni: Seine eigene Farbe, S. 57
Fortsetzungen ausdenken/Geschichten erfinden	z.B. Lionni: Seine eigene Farbe, S. 57 Sís: Madlenka, S. 91 Pacovská: Alphabet, S. 45 *

Bilder lesen

Bilder vergleichen	Bauer: Königin der Farben, S. 54
Wahrnehmen, dass Farben Empfindungen und Stimmungen ausdrücken können	Bauer: Königin der Farben, S. 54
Darstellung von Räumen und Landschaften zur Charakterisierung der Figuren in Beziehung setzen	Browne: Stimmen im Park, S. 60
Bildzitate und -anspielungen erkennen	Browne: Stimmen im Park, S. 61
Unterschiedliche Bildebenen wahrnehmen	Sís: Madlenka, S. 90/91

Texte verstehen

Literarische Vorlage eines Bilderbuches kennen lernen	Müller/Steiner: Aufstand der Tiere, S. 65/66
Texte vergleichen	Müller/Steiner: Aufstand der Tiere, S. 66 Enzensberger/Leins: Mond und Muschel, S. 83/84
Unterschiedliche Textebenen erschließen	Sís: Madlenka, S. 91
Literarische Gestalten als Repräsentanten kultureller Tradition verstehen	Sís: Madlenka, S. 89

Schreiben zu Bildern und Texten

Wortebene	Lionni: Der Buchstabenbaum, S. 41* Janosch: Post für den Tiger, S. 50
Einen Brief an eine literarische Figur schreiben	Janosch: Post für den Tiger, S. 51
Brief einer Figur schreiben	Janosch: Post für den Tiger, S. 51
Sich in eine Figur hineindenken, Gedanken und Gefühle der Figur aufschreiben	Solotareff: Du groß und ich klein, S. 71 Parry Heide/Gorey: Schorschi schrumpft, S. 74
Naturbeobachtungen wiedergeben	Enzensberger/Leins: Mond und Muschel, S. 84
Einfälle zu Prosaskizzen ausgestalten	Damjan/Kállay: Dezember und seine Freunde, S. 79/80
Schreiben zu Bildern	Sís: Madlenka, S. 91

Visuelle Gestaltung	
Großbuchstaben mit der Schere gestalten	Pacovská: Alphabet, S. 43/44*
Buchstabenfiguren gestalten	Pacovská: Alphabet, S. 45*
Bilder malen, Farbwirkungen erproben	Lionni: Seine eigene Farbe, S. 57* Solotareff: Du groß und ich klein, S. 70/71
Stempeldruck	Lionni: Seine eigene Farbe, S. 56/57*
Zeichnen: Fantastisches Fluggerät	Hoffmann: Der fliegende Robert, S. 100
Zeichnen: Naturgegenstand	Enzensberger/Leins: Mond und Muschel, S. 84/85
Collagieren: Figur darstellen mit collagiertenAttributen	Damjan/Kállay: Dezember und seine Freunde, S. 80/81
Collagieren und malen	Sís: Madlenka, S. 94
Papiertheater bauen	Hoffmann: Der fliegende Robert, S. 101
Bilder in Bewegung bringen	
Multimediale Version eines Bilderbuches kennen lernen; interaktive Möglichkeiten erproben	Pacovská: Alphabet, S. 45/46*
Rollbilder herstellen	Müller/Steiner: Aufstand der Tiere, S. 66/67
Folienfilm herstellen	Bauer: Die Königin der Farben, S. 54/55
Szenische Gestaltung	
Stabfigurenspiel aufführen	Pacovská: Alphabet, S. 47/48*
Standbild: Szene als lebendiges Bild darstellen	Solotareff: Du groß und ich klein, S. 71/72
Schattenspiel aufführen	Parry Heide/Gorey: Schorschi schrumpft, S. 75 Sís: Madlenka, S. 91/92
Im Maskenspiel literarische Rollen übernehmen	Sendak: Wo die wilden Kerle wohnen, S. 96/97
Begegnung literarischer Figuren auf dem Papiertheater inszenieren	Hoffmann: Der fliegende Robert, S. 101/102
Akustische Gestaltungen	
Stabfigurenspiel mit Buchstaben musikalisch begleiten (Orff-Instrumente)	Pacovská: Alphabet, S. 47*
Schattenspiel musikalisch interpretieren	Sís: Madlenka, S. 92/93
Eigene Bilderbücher gestalten	
Text-Bild-Sequenzen planen	Solotareff: Du groß und ich klein, S. 72/73 Sendak: Wo die wilden Kerle wohnen, S. 97/98

* Anregungen zur Begegnung mit anderen Sprachen

Anmerkungen

1 Andersen, Hans Christian: Die wilden Schwäne. In: Märchen. Aus dem Dänischen von Eva-Maria Blühm. Frankfurt/M. 1975. Bd. 1, S. 184-202.
2 Benjamin, Walter: Aussicht ins Kinderbuch. In: Über Kinder, Jugend und Erziehung. Frankfurt/M. 1969, S. 47.
3 Thiele, Jens: Das Bilderbuch. Ästhetik – Theorie – Analyse – Didaktik – Rezeption. Oldenburg 2000, S. 37.
4 Mollenhauer, Klaus: Vergessene Zusammenhänge. Über Kultur und Erziehung. München 1983, S.58.
5 Elschenbroich, Donata: Weltwissen der Siebenjährigen. Wie Kinder die Welt entdecken können. München 2001, S. 45.
6 Baumgärtner, Alfred Clemens (Hrsg.): Aspekte der gemalten Welt. Weinheim/Berlin 1968.
7 Piaget, Jean: Das Weltbild des Kindes. Mit einer Einführung von H. Aebli. Stuttgart 1978.
8 Delessert, Etienne: Dann fiel der Maus ein Stein auf den Kopf, so fing sie an, die Welt zu entdecken. Mit einem Vorwort von Jean Piaget. Middelhauve, Köln 1972.
9 Ebenda Vorwort
10 Ebenda Vorwort
11 Rosebrock, Cornelia (Hrsg.): Lesen im Medienzeitalter. Biografische und historische Aspekte literarischer Sozialisation. Weinheim 1995, S. 10.
12 Artelt, Cordula: Lesekompetenz. In: PISA 2000. Basiskompetenzen von Schülerinnen und Schülern im internationalen Vergleich, hrsg. v. Jürgen Baumert u.a., Opladen 2001, S. 69.
13 Hurrelmann, Bettina u.a.: Lesesozialisation. Bd. 1: Leseklima in der Familie. Eine Studie der Bertelsmann-Stiftung. Gütersloh 1993.
14 Vgl. Saxer, Ulrich: Wissensklassen durch Medien? Entwicklung, Ergebnisse und Tragweite der Wissenskluftforschung. In: Fröhlich, Werner; Zitzelsperger, Rolf; Franzmann, Bodo (Hrsg.): Die verstellte Welt. Beiträge zur Medienökologie. Weinheim 1992.
15 Rosebrock a.a.O. 1995, S. 15.
16 Vgl. Dehn, Mechthild: Texte und Kontexte. Schreiben als kulturelle Tätigkeit in der Grundschule. Berlin 1999, S. 38.
17 Thiele, Jens: Sehenlernen im Fluss der Bilder – Zur Wiederentdeckung des Einzelbildes. In: Beiträge Jugendliteratur und Medien. 11. Beiheft 2000, S. 49-59.
18 Halbey, Hans Adolf: Bilderbuch: Literatur. Neun Kapitel über eine unterschätzte Literaturgattung. Weinheim 1997, S. 18.
19 Thiele, Jens: Das Bilderbuch in der Medienwelt der Kinder. In: Paetzold, Bettina/Luis Erler (Hrsg.): Bilderbücher im Blickpunkt verschiedener Wissenschaften und Fächer. Bamberg 1990, S. 68-91, Zitat S. 74.
20 Thiele, Jens: Das Bilderbuch in der Medienwelt des Kindes. In: Grundschule 9 (1996), S. 14-16.
21 Rütten, Ulrike: Als Bewegung in die Bilder kam. Lothar Meggendorfers Zieh-, Klapp- und Spielbücher. In: Hoffmann, Detlef/Jens Thiele (Hrsg.): Künstler illustrieren Bilderbücher. Oldenburg 1986, S. 64-70.
22 Zu Janoschs Illustrationsstil vgl. Kapitel 8.1.3.
23 Thiele, Jens, a.a.O. 1996, S. 14.
24 Thiele, Jens: Überhöhte Erwartungen an einen scheinbar einfachen Gegenstand. Zu den Schwierigkeiten einer Rezeptionsforschung im Bereich der Kinderbuchillustration. In: Siehst du das? Die Wahrnehmung von Bildern in Kinderbüchern – Visual Literacy. Zürich 1997, S. 149-168, Zitat S. 164.
25 Vgl. Abraham, Ulf/Matthis Kepser: living-books zwischen Computermedien und Buchliteratur: medientheoretische und fachdidaktische Überlegungen. In: Der Deutschunterricht 1 (2000), S. 45-53.
26 Heidtmann, Horst: Leseförderung durch Multimedia – Überlegungen zur medialen Leistungsfähigkeit von Multimedia-Anwendungen sowie zu ihrer Nutzung durch Kinder und Jugendliche. In: Lehren und Lernen. Zeitschrift des Landesinstituts für Erziehung und Unterricht. Stuttgart 3 (1988), S. 19-29.
27 Palme, Hans-Jürgen: Geschichten der interaktiven Art. Erzählweisen von Computerspielen. In: Medien und Erziehung 5 (1999), S. 292-296, Zitat S. 294.
28 Dolle-Weinkauff, Bernd: Erzählung und Interaktion. Zur Aufbereitung kinderliterarischer Szenarien als PC-Software. In: Richter, Karin/Sabine Riemann (Hrsg.): Kinder – Literatur – „neue" Medien. Baltmannsweiler 2000, S. 186-197, vgl. S. 193.

29 Ebenda S. 195.

30 Vgl. Rank, Bernhard: Formen und Veränderungen des Erzählens in Bearbeitungen kinderliterarischer Szenarien auf CD-ROM. In: Richter, Karin/Sabine Riemann (Hrsg.): a.a.O. 2000, S. 198-216. Rank stellt fest, dass sich unter den von ihm repräsentativ ausgewählten Beispielen nicht eines befindet, das eine Umsetzung nicht-linearer Erzählformen für Kinder versucht. Vgl. S. 202.

31 Pippi (Astrid Lindgren. Ahead Multimedia AB 1995, Vertrieb in Deutschland: F. Oetinger)

32 Duncker, Ludwig: Ästhetische Alphabetisierung als Aufgabe der Elementarbildung. In: Dietrich Grünewald/Wolfgang Legler/Karl-Josef Pazzini (Hrsg.): Ästhetische Erfahrung. Perspektiven ästhetischer Rationalität. Festschrift für Gunter Otto. Velber 1997, S. 165-170.

33 Anschriften und Auswahlverzeichnisse s. S. 127.

34 Vgl. Mattenklott, Gundel: Buch-Befragung. Von der Schwierigkeit, Kinder- und Jugendbücher zu bewerten. In: Informationen Jugendliteratur und Medien 4 (1990), S. 146-151. Die Fragestellungen wurden hier z.T. erheblich gekürzt. Es lohnt sich, sie an Ort und Stelle nachzulesen.

35 Lypp, Maria: Einfachheit als Kategorie der Kinderliteratur. Frankfurt/M. 1984, S. 153.

36 Ebenda S. 93.

37 Auch hier Rückgriff auf Mattenklott, Gundel: Buch-Befragung. a.a.O. 1999, S. 149 f.

38 Thiele, Jens: Das Bilderbuch in der Medienwelt der Kinder. In: Paetzold, Bettina/Luis Erler (Hrsg.): Bilderbücher im Blickpunkt verschiedener Wissenschaften und Fächer. Bamberg 1990, S. 68-91.

39 Thiele, Jens: Das Bilderbuch, die Fantasie und der Alltag. Eine Skizze zur Entwicklungsgeschichte des Bilderbuchs seit 1945. In: Erbslöh, Gisela/Inge Sauer (Hrsg.): Hänsel und Barbie. Bildsprache für Kinder in Westdeutschland von der Nachkriegszeit bis heute. Duisburg 1994, S. 65-71, Zitat S. 69.

40 Thiele a.a.O. 2000, S. 42.

41 Bettelheim, Bruno/Karen Zelan: Kinder brauchen Bücher. Lesen lernen durch Faszination. Stuttgart 1982, S. 17.

42 Sartre, Jean-Paul: Die Wörter. Übersetzt von Hans Mayer. Reinbek 1968, S. 28.

43 Vgl. Wardetzky, Kirstin: Kinder brauchen Geschichten. In: JuLit 4 (2001), S. 36-46.

44 Hinweise zum Vorlesen vgl.: Clausen, Claus: Gut Vorlesen – und gern zuhören – zwei Seiten einer Medaille! In: Die Grundschulzeitschrift 159 (2001), S. 11-13. Ein Buch zum Thema mit vielen Hilfen und Anregungen: Ockel, Eberhard: Vorlesen als Aufgabe und Gegenstand des Deutschunterrichts. Baltmannsweiler 2000.

45 Vgl. Artelt, Cordula u.a.: Lesekompetenz. Testkonzeption und Ergebnisse. In: Baumert, Jürgen u.a. (Hrsg.): PISA 2000. Opladen 2001, S. 69-131.

46 Diaserien können in vielen Stadtbüchereien und Medienzentren ausgeliehen werden.

47 Eder, Katja: Ihr seht was, was ich nicht sehe! Was ist Bilderbuchkino? In: Grundschule 9 (1996), S. 35-36.

48 Manguel, Alberto: Eine Geschichte des Lesens. 2. Auflage. Berlin 1998, S. 14.

49 Dehn, Mechthild: Texte als Kontexte. a.a.O. 1999.

50 Vgl. Kaspar H. Spinner: Schreiben zu Bilderbüchern. Unterrichtsanregungen. In: Praxis Deutsch 113 (1992), S. 17-20.

51 Lionni, Leo: Meine Bücher für Kinder. In: Baumgärtner, Alfred Clemens (Hrsg.): a.a.O. 1968, S. 165-170, Zitat S. 165.

52 Hahn, Ulla: Das verborgene Wort. Roman. München 2001, S. 538.

53 Anregungen zum szenischen Gestalten des „Buchstabenbaums" mit Musik: Herbener, Anja: Szenisches Figurenspiel mit Musik. In: Grundschulunterricht 43 (1996), S. 38-40.

54 Thiele, Jens: Das Bilderbuch. a.a.O. 2000, S. 88-89.

55 Mechthild Dehn: Die Schrift und das Schreiben. In: Die Grundschulzeitschrift 69 (1993), S. 4-7.

56 Tost, Renate: Großbuchstaben mit der Schere gestalten. In: Die Grundschulzeitschrift 69 (1993), S. 22-23.

57 Kinderarbeiten aus: Kruse, Norbert: Nico schneidet ein „N"... und hat viele Reste. In: Die Grundschulzeitschrift 69 (1993), S. 24.

58 Vgl. Daubert, Hannelore (Hrsg.): Sehen. Hören. Klicken. Kinder- und Jugendliteratur multimedial. München. Arbeitskreis für Jugendliteratur 2001.

59 Janoschs Traumstunde. Zeichentrickfilmserie nach

Kinderbüchern von Janosch. Erstes Deutsches Fernsehen/ARD, dreizehnteilige Folge, hergestellt 1986, erneut ausgestrahlt 1989.

60 Thiele, Jens: Das Bilderbuch. a.a.O. 2000, S. 187.

61 Inge Sauer vermutet, dass die wirkliche Adressatengruppe Janoschs Mütter und Pädagogen sind, die Kindern eine glückliche und überschaubare Welt wünschen. Eben diese Wünsche vermarkte er geschickt. Für die Kinder, an denen ihm wirklich etwas liege, habe er in seinem frühen Werk eine andere, künstlerisch anspruchsvollere und authentischere Bildsprache gesprochen. Vgl. Inge Sauer: Wolf im Plüschpelz. Katalogbeitrag für eine Janosch-Ausstellung. Regensburg, Ostdeutsche Galerie 1998. (Altona, Wilhelm Busch-Museum; Berlin, Staatsgalerie)

62 Vgl. Kapitel 3.2, S. 14.

63 Sauer, Inge (Hrsg.): Es war einmal eine Idee. Bilderbuch-Illustratoren über die Schulter geblickt. Düsseldorf 1999, S. 51.

64 Vgl. Inge Sauer S. 31.

65 Zu Relationen zwischen Musik und Bild: Musik hören und sehen. Grundschule 11 (2001), S. 8-35.

66 Lionni, Leo: Meine Bücher für Kinder. In: Baumgärtner, Alfred Clemens (Hrsg.): Aspekte der gemalten Welt. Weinheim 1968. S. 165-170, Zitat S. 168.

67 Weitere Vorschläge zu Lionni-Bilderbüchern: Kretschmer, Christine: Was ich Cornelius beibringe. Bilderbücher animieren zum Schreiben. In: Praxis Deutsch 80 (1986), S. 26-28.

68 Thiele, Jens: Anthony Browne – Künstler der Blicke. In: Katalog zur Ausstellung: Anthony Browne. Lappan Verlag, Oldenburg 2000.

69 Ebenda

70 Vgl. Bode, Andreas: Im Musikpavillon. Rezension. Beilage der Süddeutschen Zeitung Nr. 284.

71 Schneede, Uwe M.: René Magritte. Leben und Werk. Köln, 3. Aufl. 1978. Abbildungen auf den Seiten 92, 62 und 95.

72 ten Doornkaat, Hans: PR-TV-Exit. – Vom Leben aus zweiter Hand und vom Fliehen auf eigene Faust. „Aufstand der Tiere oder die neuen Stadtmusikanten" von Jörg Müller und Jörg Steiner. In: Thiele, Jens (Hrsg.): Neue Erzählformen im Bilderbuch. Untersuchungen zu einer veränderten Text-Bild-Sprache. Oldenburg 1991, S. 50-75, Zitat S. 56.

73 Vgl. Scherf, Walter: Das Märchenlexikon. München 1995. Bd. 1, S. 121-125.

74 Vgl. Röhrich, Lutz: Märchen und Wirklichkeit. 5. Auflage. Baltmannsweiler 2001, S. 200-222.

75 Rölleke, Heinz: Kinder- und Hausmärchen, gesammelt durch die Brüder Grimm. Vollständige Ausgabe auf der Grundlage der dritten Auflage 1837. Darmstadt 1999, S. 137-140.

76 Vgl. Messelken, Ingrid/Antje Dickel-Oloff: Bremer Stadtmusikanten – neu entdeckt. In: Die Grundschulzeitschrift 39 (1990), S. 24-27, Material S. 43-60.

77 Vorschläge nach: Clausen, Claus: Bewegte Bilder – Schatten – Spiegelungen. Praxis Grundschule 2 (1983).

78 Auf diese prägnante Formel hat Kaspar H. Spinner den Sinn literarischer Bildung gebracht. Vgl. ders.: Der Kern literarischer Bildung. In: Bildung. Friedrich Jahresheft VI (1988), S. 34-35.

79 Vgl. Hohmeister, Elisabeth: Thematische Analyse von Grégoire Solotareffs „Du groß und ich klein". In: Thiele, Jens: Das Bilderbuch. Ästhetik, Theorie, Analyse, Didaktik, Rezeption. Oldenburg 2000, S. 130-141.

80 Ein Textauszug und vier farbige Abbildungen sind zu finden in: Lesereise 3. Volk und Wissen Verlag/ Kamp Schulbuchverlag, Berlin und Düsseldorf 1999, S. 25-27.

81 Vgl. Scheller, Ingo: Szenische Interpretation. In: Praxis Deutsch 136 (1996), S. 22-32.

82 Reizvolle Möglichkeiten zur Gestaltung von Buchformen in: Kohl, Eva Maria: Lehrerband zu den Zauberstiften 1 bis 5. Berlin 1994, S. 27 ff.

83 Ries, Hans. In: Doderer, Klaus (Hrsg.): Lexikon der Kinder- und Jugendliteratur. Ergänzungs- und Registerband. Weinheim 1984, S. 235.

84 Ein Textauszug, der zum Vorlesen geeignet ist, findet sich in: Kretschmer, Christine (Hrsg.): Lesereise 4. Volk und Wissen Verlag/Kamp Schulbuchverlag, Berlin und Düsseldorf 2000. S. 83/84.

85 Vgl. Kretschmer, Christine: Schorschi schrumpft – da muss doch was geschehen. In: Praxis Grundschule 5 (1996), S. 15-17.

86 Vgl. Altenburg, Erika: Say Please – Say Thank you. Bilderbücher im fremdsprachlichen Unterricht. In: Grundschule 10 (2001), S. 23-25.
87 Diese sind in Schulbüchern für den Kunst- und Sprachunterricht anzutreffen. So z.B. die Darstellung des Herbstes in „Sprachreise" 2. Volk und Wissen Verlag/ Kamp Schulbuchverlag, Berlin und Düsseldorf 1998.
88 Das Buch ist seit längerem vergriffen. Man kann aber versuchen, es über die Ausleihe (Fernleihe) der Stadtbüchereien zu bekommen. Ein Textauszug ist zu finden in: Lesereise 2. Berlin 1998, S. 36. Farbige Abbildungen im gleichen Lesebuch auf den Seiten 33, 37 und 98.
89 Enzensberger, Hans Magnus: Notiz. In: Kursbuch 5 (1966), S. 9.
90 Kügler, Hans: „Es ist etwas Aschiges, von der Farbe der Asche ...". Aztekische Glossen im Unterricht. In: Praxis Deutsch 56 (1982), S. 40-45. Lange vor dem Erscheinen des Bilderbuches hat Hans Kügler den aztekischen Glossen einen umfangreichen Unterrichtsbeitrag gewidmet.
91 Piaget, Jean: Das Weltbild des Kindes. a.a.O. 1978.
92 Vgl. Remmers, Ursula: Am Anfang sind die Bilder. In: Beiträge Jugendliteratur und Medien 1 (2001), S. 31-37.
93 Vgl. Aissen-Crewett, Meike: Kunstunterricht in der Grundschule. Braunschweig 1992, S. 58 f.
94 Karst, Theodor/Joachim Venter: Natur und Literatur. Fächerverbindender Unterricht in der Grundschule. Baltmannsweiler 1994, S. 125.
95 Benjamin, Walter: Berliner Chronik. Frankfurt/M. 1970.
96 Seuss, Siggi: Einmal um die Welt. Peter Sís rückt einen Wackelzahn ins Zentrum des Universums. Rezension in Die ZEIT. 17. Mai 2001. S. 55.
97 Vgl. Roeder, Caroline: Weg von hier – das ist mein Ziel. In: JuLit 1 (2001), S. 3-17. Zu „Madlenka" s. S. 9-12.
98 Tabbert, Reinbert: Bilderbücher zwischen zwei Kulturen. In: ders.: Kinderbuchanalysen II. Wirkung – kultureller Kontext – Unterricht. Frankfurt/M. 1991, S. 130-148, Zitat S. 133.
99 Dass Sís nicht die Brüder Grimm als Märchenerzähler auftreten lässt, sondern eine Erzählerin, kann als Verweis darauf gelesen werden, dass es vor allem Frauen waren, die Jacob und Wilhelm Grimm die Märchen zutrugen.
100 Das ist vor allem dann nahe liegend, wenn, wie im Kapitel „Bilder lesen, Bilder machen" vorgeschlagen, die Kinder das Bilderbuch „Aufstand der Tiere oder Die neuen Stadtmusikanten" kennen gelernt haben und mit dem Grimmschen Märchen vertraut sind.
101 Ludwig, Otto/Kaspar H. Spinner: Schreiben zu Bildern. In: Praxis Deutsch 113 (1992), S. 11-16. Zitat S. 13.
102 Weitere Methoden vgl.: Spinner, Kaspar H.: Schreiben zu Bilderbüchern. In: Praxis Deutsch 113 (1992), S. 17-20. Otto, Gunter/Karin Rottmann: Verfahren der Bildvermittlung. In: Kunst und Unterricht 218 (1997), S. 35 f.
103 Rodari, Gianni: Grammatik der Fantasie. Die Kunst, Geschichten zu erfinden. Leipzig 1992.
104 Vgl. Kapitel 8.3.2.
105 Entsprechende Lieder finden sich in den Musikbüchern für die Grundschule, z.B. Grote, Manfred (Hrsg.): Mein Liederbuch. Volk und Wissen Verlag, Berlin 2002.
106 Vgl. Burghardt, Hermann: Figurentheater und Schattenspiel. DIF Tübingen 1987, S. 9-20.
107 Für die Hinweise zur musikalischen Umsetzung danke ich Frau Katja Picht, Düsseldorf.
108 Anmerkungen zu Globus und Weltkarte und Anleitung zum Bauen eines Globus: Newig, Jürgen: Mein erster Globus. In: Praxis Grundschule 2 (1996), S. 66-67.
109 Unterrichtsanregungen in: Sahr, Michael: Andersen lesen. Andersen-Märchen für Schüler von heute. Baltmannsweiler 1999, S. 31-43.
110 Spinner, Kaspar H.: Der Kern literarischer Bildung. In: Bildung. Friedrich Jahresheft VI (1988), S. 34-35.
111 Mattenklott, Gundel: Zauberkreide. Kinderliteratur seit 1945. Stuttgart 1989, S. 282.
112 Vgl. Reinbert Tabbert in: Doderer, Klaus (Hrsg.): Lexikon der Kinder- und Jugendliteratur. Bd. 3. Weinheim 1984, S. 376-378.
113 Halbey, Hans Adolf: Bilderbuch: Literatur. Neun Kapitel über eine unterschätzte Literaturgattung. Weinheim 1997, S. 190.
114 Staudte, Adelheid: Das alltägliche Theater. Die

Grundschulzeitschrift 87 (1995), S. 6-10.

115 Thiele, Jens: Das Bilderbuch. In: Lange, Günter (Hrsg.): Taschenbuch der Kinder- und Jugendliteratur. Bd. 1: Grundlagen – Gattungen. S. 228-245, Zitat S. 231.

116 Friese, Inka: Ein Klassiker am Ausgang seiner Epoche. Heinrich Hoffmanns „Der Struwwelpeter". In: Hurrelmann, Bettina: Klassiker der Kinder- und Jugendliteratur. S. 358-378, Zitat S. 365.

117 Unseld, Siegfried (Hrsg.): Erste Lese-Erlebnisse. Frankfurt/M. 1975, S. 55.

118 Lypp, Maria: Haben Flugzeug und Raumschiff den Traum des Ikarus vom Fliegen eingelöst? Gedanken zur erzählenden Kinderliteratur. In: Bode, Andreas/ Marianne Reetz (Hrsg.): Von Ikarus zur Raumstation. Luft- und Raumfahrt in der internationalen Kinderliteratur. München 1991.

119 Mattenklott, Gundel: Zauberkreide. a.a.O. S. 5 f.

120 Vgl. Lesereise 4, Kapitel „Lesen beflügelt: Träume vom Fliegen." Volk und Wissen Verlag/Kamp Schulbuchverlag, Berlin/Düsseldorf 2000, S. 155-166.

121 Vgl. Grünewald, Dietrich: Vom Umgang mit Papiertheater. Berlin 1993.

122 Ein Textauszug und eine doppelseitige Illustration sind zu finden in: Lesereise 4. Volk und Wissen Verlag/Kamp Schulbuchverlag, Berlin/Düsseldorf 2000, S. 156-158.

123 Mattenklott, Gundel. Rezension in: Das Bilderbuch. Eine Auswahl empfehlenswerter Bilderbücher. 11., überarbeitete Auflage. München 1999, Nr. 241.

Literaturverzeichnis

ABRAHAM, ULF/MATTHIS KEPSER: living books zwischen Computermedien und Buchliteratur: medientheoretische und fachdidaktische Überlegungen. In: Der Deutschunterricht 1 (2000), S. 45-53.

AISSEN-CREWETT, MEIKE: Kunstunterricht in der Grundschule. Braunschweig 1992.

BAUMERT, JÜRGEN u.a. (Hrsg.): PISA 2000. Basiskompetenzen von Schülerinnen und Schülern im internationalen Vergleich. Opladen 2001.

BAUMGÄRTNER, ALFRED CLEMENS (Hrsg.): Aspekte der gemalten Welt. Weinheim 1968.

BEISHART, ORTWIN: Nicht nur ein Augenschmaus. Das Bilderbuch als Literatur. In: Paetzold, Bettina/ Luis Erler (Hrsg.): Bilderbücher im Blickpunkt verschiedener Wissenschaften und Fächer. Bamberg 1990, S. 23-47.

ders. (Hrsg.): Leseförderung und Leseerziehung. Theorie und Praxis des Umgangs mit Büchern für junge Leser. Donauwörth 1993.

BENJAMIN, WALTER: Aussicht ins Kinderbuch. In: Über Kinder, Jugend und Erziehung. Frankfurt/M. 1969, S. 47-54.

ders.: Berliner Chronik. Frankfurt/M. 1970.

BERGER, JOHN (u.a.): Sehen. Das Bild der Welt in der Bilderwelt. Reinbek 2000.

BETTELHEIM, BRUNO/KAREN ZELAN: Kinder brauchen Bücher. Lesen lernen durch Faszination. 5. Auflage. Stuttgart 1990.

BLUMENBERG, HANS: Die Lesbarkeit der Welt. 5. Auflage. Frankfurt/M. 2000.

BONFADELLI, HEINZ/DANIEL SÜSS: Bilderbuchrezeption als Forschungsfeld der Medienwissenschaft. In: Schweizerisches Jugendbuch-Institut (Hrsg.): Siehst du das? Die Wahrnehmung von Bildern in Kinderbüchern – Visual Literacy. Zürich 1997, S. 73-94.

BORN, MONIKA: Bilderbücher – gemalte und verdichtete Welt. In: Sahr, Michael/Monika Born: Kinderbücher im Unterricht der Grundschule. 6. Auflage. Baltmannsweiler 2000, S. 88-118.

BURGHARDT, HERMANN: Figurentheater und Schattenspiel. DIF Tübingen 1987.

CLAUSSEN, CLAUS: Bewegte Bilder – Schatten – Spiegelungen. In: Praxis Grundschule 2 (1983).

ders.: Gut vorlesen und gern zuhören – zwei Seiten

einer Medaille! In: Die Grundschulzeitschrift 150 (2001), S. 11-13.

Comenius, Johann Amos: Orbis sensualium pictus. Die sichtbare Welt. Nürnberg 1658.

Conrady, Peter (Hrsg.): Literaturerwerb. Frankfurt/M. 1989.

Daudert, Hannelore (Hrsg.): Sehen. Hören. Klicken. Kinder- und Jugendliteratur multimedial. München 2001.

Dehn, Mechthild: Texte und Kontexte. Schreiben als kulturelle Tätigkeit in der Grundschule. Berlin 1999.

Doderer, Klaus (Hrsg.): Lexikon der Kinder- und Jugendliteratur. 4 Bde. Weinheim 1984.

Doderer, Klaus/Helmut Müller (Hrsg.): Das Bilderbuch. Geschichte und Entwicklung des Bilderbuches in Deutschland von seinen Anfängen bis zur Gegenwart. 2. Auflage. Weinheim 1975.

Doelker, Christian: Ein Bild ist mehr als ein Bild. Visuelle Kompetenz in der Multimedia-Gesellschaft. Stuttgart 1997.

Dolle-Weinkauff, Bernd: Erzählung und Interaktion. Zur Aufbereitung kinderliterarischer Szenarien als PC-Software. In: Richter, Karin/Sabine Riemann (Hrsg.): Kinder – Literatur – „neue" Medien. Baltmannsweiler 2000, S. 186-197.

Dornkaat, Hans ten: PR, TV, Exit. Vom Leben aus zweiter Hand und vom Fliehen auf eigene Faust. „Aufstand der Tiere oder Die neuen Stadtmusikanten" von Jörg Müller und Jörg Steiner. In: Thiele, Jens (Hrsg.): Neue Erzählformen im Bilderbuch. Oldenburg 1991, S. 50-75.

Duncker, Ludwig: Ästhetische Alphabetisierung als Aufgabe der Elementarbildung. In: Grünewald, Dietrich/Wolfgang Legler/Karl-Josef Pazzini (Hrsg.): Ästhetische Erfahrung. Perspektiven ästhetischer Rationalität. Festschrift für Gunter Otto. Seelze 1997, S. 165-170.

Elschenbroich, Donata: Weltwissen der Siebenjährigen. Wie Kinder die Welt entdecken können. München 2001.

Erbslöh, Gisela/Inge Sauer (Hrsg.): Hänsel und Barbie. Bildsprache für Kinder in Westdeutschland von der Nachkriegszeit bis heute. Ausstellungskatalog. Duisburg 1994.

Ewers, Hans-Heino/Inge Wild (Hrsg.): Familienszenen. Die Darstellung familialer Kindheit in der Kinder- und Jugendliteratur. Weinheim 1999.

Feibel, Thomas: Kinder-Software-Ratgeber. Die besten Multimediaprodukte für Spiel, Spaß und Kreativität. Reinbek 2001.

Grünewald, Dietrich: Bilderbuch. Ein Plädoyer für den Umgang mit Bilderbüchern in allen Schulstufen. In: Kunst + Unterricht 155 (1991), S. 39-45.

ders.: Vom Umgang mit Papiertheater. Berlin 1993.

Haas, Gerhard: Kinder- und Jugendliteratur. Ein Handbuch. 3. Auflage. Stuttgart 1984.

Halbey, Hans Adolf: Bilderbuch: Literatur. Neun Kapitel über eine unterschätzte Literaturgattung. Weinheim 1997.

Hahn, Ulla: Das verborgene Wort. Roman. Stuttgart 2001.

Heidtmann, Horst: Leseförderung durch Multi media – Überlegungen zur medialen Leistungsfähigkeit von Multimedia-Anwendungen sowie zu ihrer Nutzung durch Kinder und Jugendliche. In: Lehren und Lernen. Zeitschrift des Landesinstituts für Erziehung und Unterricht. Stuttgart 3 (1988), S. 19-29.

Hinkel, Hermann: Bilderbuch. In: Grünewald, Dietrich/Winfred Kaminski (Hrsg.): Kinder- und Jugendmedien. Weinheim 1984.

Hohmeister, Elisabeth: „Wie im Bilderbuch ...". Inhalte und Tendenzen im Bilderbuch der 90er Jahre. In: Raecke, Renate (Hrsg.): Kinder- und Jugendliteratur in Deutschland. München 1999, S. 170-177.

Hoffmann, Detlef/Jens Thiele (Hrsg.): Künstler illustrieren Bilderbücher. Ausstellungskatalog. Oldenburg 1986.

Hollstein, Gudrun: Werkstatt Bilderbuch. Allgemeine Grundlagen, Vorschläge und Materialien für den Unterricht in der Grundschule. Landau 1999.

Hurrelmann, Bettina (Hrsg.): Klassiker der Kinder- und Jugendliteratur. Frankfurt/M. 1995.

dies. u.a.: Lesesozialisation. Bd. 1: Leseklima in der Familie. Eine Studie der Bertelsmann-Stiftung. Gütersloh 1993.

dies./Karin Richter (Hrsg.): Das Fremde in der Kinder- und Jugendliteratur. Interkulturelle

Perspektiven. Weinheim 1998.
Karst, Theodor/Joachim Venter: Natur und Literatur. Fächerverbindender Unterricht in der Grundschule. Baltmannsweiler 1994.
Kohl, Eva Maria: Lehrerband zu: Zauberstifte 1 bis 5. Berlin 1994.
Kretschmer, Christine: Was ich Cornelius beibringe. Bilderbücher animieren zum Schreiben. In: Praxis Deutsch 80 (1986), S. 26-28.
dies.: Dezember und seine Freunde. Angeschaute und vorgestellte Bilder. In: Praxis Deutsch 87 (1988), S. 26-27.
dies.: Schorschi schrumpft – da muss doch was geschehen. In: Praxis Grundschule 5 (1996), S. 15-17.
dies. (Hrsg.): Lesereise 2, 3, 4 (Lesebücher, Handreichungen). Berlin 1998-2000.
Kretschmer, Christine/Gisela Martini: „Ich bin das Auge ...". Assoziationen zu „Karneval der Harlekine" von Joan Miró – erzählt von Josef Guggenmos. In: Praxis Deutsch 93 (1989), S. 20-22.
Künnemann, Horst: Das Bilderbuch. In: Haas, Gerhard (Hrsg.): Kinder- und Jugendliteratur. 3. Auflage. Stuttgart 1984. S. 153-176.
Lionni, Leo: Meine Bücher für Kinder. In: Baumgärtner, Alfred Clemens (Hrsg.): Aspekte der gemalten Welt. Weinheim/Berlin 1968, S. 165-170.
Ludwig, Otto/Kaspar H. Spinner: Schreiben zu Bildern. In: Praxis Deutsch 113 (1992), S. 11-16.
Lypp, Maria: Einfachheit als Kategorie der Kinderliteratur. Frankfurt/M. 1984.
Manguel, Alberto: Eine Geschichte des Lesens. 2. Auflage. Berlin 1998.
Mattenklott, Gundel: Zauberkreide. Kinderliteratur seit 1945. Stuttgart 1989.
dies.: Buch-Befragung. Von der Schwierigkeit, Kinder- und Jugendbücher zu bewerten. In: Informationen Jugendliteratur und Medien 4 (1990), S. 146-151.
Mollenhauer, Klaus: Vergessene Zusammenhänge. Über Kultur und Erziehung. München 1983.
Otto, Gunter/Maria Otto: Auslegen. Ästhetische Erziehung als Praxis des Auslegens in Bildern und des Auslegens von Bildern. Seelze 1987.
Otto, Gunter/Karin Rottmann: Verfahren der Bildvermittlung. In: Kunst + Unterricht 218 (1997), S. 35-37.
Paetzold, Bettina/Luis Erler (Hrsg.): Bilderbücher im Blickpunkt verschiedener Wissenschaften und Fächer. Bamberg 1990.
Palme, Hans-Jürgen: Geschichten der interaktiven Art. Erzählweisen von Computerspielen. In: Medien und Erziehung 5 (1999), S. 292-296.
Piaget, Jean: Das Weltbild des Kindes (1926). Dt. Stuttgart 1978.
Rank, Bernhard: Formen und Veränderungen des Erzählens in Bearbeitungen kinderliterarischer Szenarien auf CD-ROM. In: Richter, Karin/Sabine Riemann (Hrsg.): 2000, S. 198-216.
Ries, Hans: Illustration im Kinder- und Jugendbuch. In: Doderer, Klaus (Hrsg.): Lexikon der Kinder- und Jugendliteratur. Ergänzungsband 1984. S. 296-308.
Richter, Dieter: Pinocchio oder vom Roman der Kindheit. Frankfurt/M. 1996.
Richter, Karin/Sabine Riemann (Hrsg.): Kinder – Literatur – „neue" Medien. Baltmannsweiler 2000.
Rösch, Heidi: Bilderbücher zum interkulturellen Lernen. Baltmannsweiler 1997.
Rodari, Gianni: Grammatik der Fantasie. Die Kunst, Geschichten zu erfinden. Leipzig 1992.
Rosebrock, Cornelia (Hrsg.): Lesen im Medienzeitalter. Biografische und historische Aspekte literarischer Sozialisation. Weinheim 1995.
Rütten, Ulrike: Als Bewegung in die Bilder kam. Lothar Meggendorfers Zieh-, Klapp-und Spielbücher. In: Hoffmann, Detlef/Jens Thiele (Hrsg.): Künstler illustrieren Bilderbücher. Ausstellungskatalog. Oldenburg 1986, S. 64-70.
Sahr, Michael/Angelika Schlund: Das Bilderbuch in der Grundschule. Regensburg 1992.
Sahr, Michael: Leseförderung durch Kinderliteratur. Märchen, Bilder- und Kinderbücher im Unterricht der Grundschule. Baltmannsweiler 1998.
ders.: Andersen lesen. Andersen-Märchen für Schüler von heute. Baltmannsweiler 1999.
Sahr, Michael/Monika Born: Kinderbücher im Unterricht der Grundschule. 6. Auflage. Baltmannsweiler 2000.
Sartre, Jean: Die Wörter. Übersetzt von Hans Mayer. Reinbek 1968.
Sauer, Inge: Theater aus Papier. Köln 1989.

dies.: Auf der Suche nach der verlorenen Toskana. Der Illustrator als Archäologe. Robert Innocentis „Pinocchio". In: Thiele, Jens (Hrsg.): Neue Erzählformen im Bilderbuch. Oldenburg 1991, S. 187-209.

dies. (Hrsg.): Es war einmal eine Idee. Bilderbuch-Illustratoren über die Schulter geblickt. Düsseldorf 1999.

dies. (Hrsg.): Es war einmal eine Idee. Schweizer Bilderbuch-Illustratoren über die Schulter geblickt. Düsseldorf 2001.

Scharioth, Barbara: Realismus zwischen Kunst und Auftrag. Zum Bild des Kindes im Bilderbuch. In: JuLit 14 (1992), S. 22-30.

Scheller, Ingo: Szenische Interpretation. In: Praxis Deutsch 136 (1966), S. 22-32.

Schneede, Uwe M.: René Magritte. Leben und Werk. 3. Auflage. Köln 1978.

Sendak, Maurice: Caldecott & Co. Gedanken zu Büchern & Bildern. Frankfurt/M. 1999.

Spinner, Kaspar H.: Der Kern literarischer Bildung. In: Bildung. Friedrich Jahresheft VI (1988), S. 34-35.

ders.: Schreiben zu Bilderbüchern. Unterrichtsanregungen. In: Praxis Deutsch 113 (1992), S. 17-20.

ders.: Imaginative und emotionale Lernprozesse im Deutschunterricht. Frankfurt/M. 1995.

Staudte, Adelheid (Hrsg.): Ästhetisches Lernen auf neuen Wegen. Weinheim 1993.

dies.: Das alltägliche Theater. In: Die Grundschulzeitschrift 89 (1995).

Tabbert, Reinbert: Bilderbücher zwischen zwei Kulturen. In (ders.): Kinderbuchanalysen II. Wirkung – kultureller Kontext – Unterricht. Frankfurt/M. 1991, S. 130-148.

ten Doornkaat, Hans: PR, TV, Exit. – Vom Leben aus zweiter Hand und vom Fliehen auf eigene Faust. „Aufstand der Tiere oder Die neuen Stadtmusikanten" von Jörg Müller und Jörg Steiner. In: Thiele, Jens (Hrsg.): Neue Erzählformen im Bilderbuch, a.a.O. 1991, S.50-75.

Thiele, Jens (Hrsg.): Bilderbücher entdecken. Untersuchungen, Materialien und Empfehlungen zum kritischen Gebrauch einer Buchgattung. Oldenburg 1985.

ders.: Das Bilderbuch in der Medienwelt des Kindes. In: Paetzold, Bettina/Luis Erler (Hrsg.): Bilderbücher im Blickpunkt verschiedener Wissenschaften und Fächer. Bamberg 1990, S. 68-91.

ders. (Hrsg.): Neue Erzählformen im Bilderbuch. Oldenburg 1991.

ders.: Augenschmaus. Zwölf Bausteine zu einer Definition des Trivialen im Bilderbuch. In: JuLit Information 3 (1992), S. 31-46.

ders.: Das Bilderbuch, die Fantasie und der Alltag. Eine Skizze zur Entwicklungsgeschichte des Bilderbuchs seit 1945. In: Erbslöh, Gisela/Inge Sauer (Hrsg.): a.a.O. 1994, S. 65-71.

ders.: Überhöhte Erwartungen an einen scheinbar einfachen Gegenstand. Zu den Schwierigkeiten einer Rezeptionsforschung im Bereich der Kinderbuchillustration. In: Siehst du das? Die Wahrnehmung von Bildern in Bilderbüchern – Visual Literacy. Zürich 1997.

ders.: Das Bilderbuch. In: Günter Lange (Hrsg.): Taschenbuch der Kinder- und Jugendliteratur. Bd. 1. Baltmannsweiler 2000, S. 228-245.

ders.: Das Bilderbuch. Ästhetik – Theorie – Analyse – Didaktik – Rezeption. Oldenburg 2000.

ders.: Sehenlernen im Fluss der Bilder – Zur Wiederentdeckung des Einzelbildes. In: Beiträge Jugendliteratur und Medien. 11. Beiheft 2000, S. 49-59.

Unseld, Siegfried (Hrsg.): Erste Lese-Erlebnisse. Frankfurt/M. 1975.

Wardetzky, Kirstin: Kinder brauchen Geschichten. In: JuLit 4 (2001), S. 36-46.

Bilderbücher

Wenn Bilderbücher nicht mehr lieferbar sein sollten, lohnt sich der Versuch, sie über die Ausleihe/Fernleihe der Stadtbibliotheken zu bestellen oder nachzuschauen im Zentralen Verzeichnis antiquarischer Bücher (www.zvab.de).

Anderson, Lena s. Björk, Christine
Andresen, Ute/Monika Popp: ABC und alles auf der Welt, S. 48
Bauer, Jutta: Die Königin der Farben, S. 52
Beckett, Wendy: Der Herzog und die Bauern, S. 85
Berner, Rotraut Susanne: Abc, die Katze lief im Schnee, S. 48
dies. s. Schnurre, Wolfdietrich
Björk, Christine/Lena Anderson: Linnéa im Garten des Malers, S. 85
Browne, Anthony: Stimmen im Park, S. 58
Buchholz, Quint: Der Sammler der Augenblicke, S. 67
ders. s. Piumini, Roberto
Budde, Nadia: Trauriger Tiger toastet Tomaten, S. 48
Cousins, Lucy: Za-Zas kleiner Bruder, S. 76
Damjan, Mischa/Dušan Kállay: Dezember und seine Freunde, S. 78
Delessert, Etienne: Dann fiel der Maus ein Stein auf den Kopf (…), S. 10/11
Ensikat, Klaus/Peter Ensikat: Das A steht vorn im Alphabet, S. 48
Enzensberger, Hans Magnus/Christine Leins: Mond und Muschel, S. 81
Erlbruch, Wolf: Frau Meier, die Amsel, S. 102
ders.: Nachts, S. 67
ders. s. Moritz, Karl Philipp
ders. s. Schami, Rafik
Gorey, Edward s. Parry Heide, Florence
Heidelbach, Nikolaus: Ein Buch für Bruno, S. 102
Hoffmann, Heinrich: Der fliegende Robert, S. 98
Janosch: Post für den Tiger, S. 49
Kállay, Dušan s. Damjan, Mischa
le Saux, Alain/Solotareff, Grégoire: Das kleine Museum, S. 68
Leins, Christine s. Enzensberger, Hans Magnus
Lionni, Leo: Der Buchstabenbaum, S. 39
ders.: Frederick, S. 42
ders.: Seine eigene Farbe, S. 55
Lucht, Irmgard: Roter Mohn, S. 85
Moore, Inga s. Nesbit, Edith
Moritz, Karl Philipp/Wolf Erlbruch: Neues ABC-Buch, S. 49
Müller, Jörg/Jörg Steiner: Aufstand der Tiere, S. 62
Müller, Jörg: Der standhafte Zinnsoldat, S. 94
Nesbit, Edith/Inga Moore: Das verbotene Buch, S. 102
Pacovská, Květa: Alphabet, S. 42, CD-ROM S. 45
Parry Heide, Florence / Edward Gorey: Schorschi schrumpft, S. 73
Piumini, Roberto/Quint Buchholz: Matti und sein Großvater, S. 76
Popp, Monika s. Andresen, Ute
Schami, Rafik/Wolf Erlbruch: Das ist kein Papagei, S. 77
Schnurre, Wolfdietrich/Rotraut Susanne Berner: Die Prinzessin kommt um vier, S. 76
Schroeder, Binette: Der Froschkönig, S. 19
Schwarz, Regina/Bohnstedt, Antje: Sprach – Spiel – Spaß von A bis Z, S. 49
Sendak, Maurice: Wo die wilden Kerle wohnen, S. 95
Sís, Peter: Madlenka, S. 86
ders.: Tibet. Das Geheimnis der roten Schachtel, S. 94
Solotareff, Grégoire: Du groß und ich klein, S. 69
ders. s. Le Saux, Alain
Steiner, Jörg s. Müller, Jörg
Waechter, Friedrich Karl: Der rote Wolf, S. 77
Wenzel, Angela: Die Geheimnisse des René Magritte. Prestel, München 1996 (= Abenteuer Kunst).

Dia-Reihen

Viele Stadtbibliotheken und Medienzentren halten Dia-Reihen zu Bilderbüchern bereit.

Dias zu Bilderbüchern auf Anfrage im Moritz-Verlag, Frankfurt/M.
Hierl, Sophie und Hubertus (Hrsg.): Kinder lernen Bücher lieben. Dias zu Bilderbüchern mit didaktisch-methodischen Hinweisen. Media nova Verlag. AV Medien, Landshut. Jugendliteratur und Medien (AJuM) in der GEW

Anschriften und Auswahlverzeichnisse

Arbeitsgemeinschaft Jugendliteratur und Medien (AJuM) in der Gewerkschaft Erziehung und Wissenschaft (GEW)
Verzeichnisse wie „Bücher machen Schule", „Was liest meine Klasse?". Berät Schulen über Kinderliteratur und beim Aufbau von Bibliotheken.
Fachzeitschrift: „Beiträge Jugendliteratur und Medien"
Reifenberger Str. 21, 60489 Frankfurt a.M.
www.gew.de/ajum

Arbeitsgemeinschaft von Jugendbuchverlagen e.V.
Buchempfehlungslisten: Bücherbox, Taschenbuchtipps
c/o Esslinger Verlag, PF 10 03 25, 73703 Esslingen
www.avj-online.de

Arbeitskreis für Jugendliteratur e.V.
Zeitschrift „JuLit"
Kataloge: „Das Bilderbuch", eine Auswahl empfehlenswerter Bilderbücher, „Das Kinderbuch", „Fremde Welten". Jährlich Broschüre zum Deutschen Jugendliteraturpreis
Metzstr. 14 c, 81667 München
www.jugendliteratur.org

Arbeitsstelle für Leseforschung und Kinder- und Jugendmedien (ALEKI)
Zeitschrift „Les(e)bar"
Bernhard-Feilchenfeldstr. 11, 50969 Köln
www.aleki.uni-koeln.de

Börsenverein des deutschen Buchhandels e.V.
„Das lesende Klassenzimmer": bundesweiter literarischer Gestaltungswettbewerb für Schulklassen. Lesewelt im Lesezelt (Autorenlesungen, Buchpräsentationen), Zeitschrift „Hits für Kids".
Großer Hirschgraben 17-21, 60311 Frankfurt a.M.
www.boersenverein.de

Bundesverband der Friedrich-Bödecker-Kreise e.V.
16 Landesverbände vermitteln Autorenlesungen für Kinder und Jugendliche.
Fischtorplatz 23, 55116 Mainz

Deutsche Akademie für Kinder- und Jugendliteratur e.V.
themenorientierte Kataloge, monatlich beste Bilder- und Kinderbücher. „Die besten 7"
Hauptstr. 42, 97332 Volkach
www.volkach.de

Deutsches Jugendmedienwerk e.V.
Buchempfehlungen „Von 3–8", Buchbesprechungsdienst des DJW, Broschüre „Empfehlenswerte Kinder- und Jugendzeitschriften"
Fischtorplatz 23, 55116 Mainz

Die internationale Jugendbibliothek
Ausstellungen und Fortbildungsprogramme
Schloss Blutenberg, Seldweg 15, 81247 München
www.ijb.de

Gemeinschaft zur Förderung von Kinder- und Jugendliteratur e.V.
Empfehlungsliste „Der rote Elefant"
Weinmeisterstr. 5, 10178 Berlin

Lesart
Berliner Zentrum für Kinder- und Jugendliteratur
Informationen zur Kinderliteratur, Autorenlesungen
Weinmeisterstr. 5, 10178 Berlin

Stiftung Lesen
Leseempfehlungen zu verschiedenen Themen via Fernsehen und als Broschüre, Veranstaltungen, Aktionen
Fischtorplatz 23, 55116 Mainz
www.stiftunglesen.de

Bildnachweis

S. 9 Johann Amos Comenius: Orbis sensualium pictus (Die sichtbare Welt). Nürnberg 1658 | **S. 10** Etienne Delessert: Dann fiel der Maus ein Stein auf den Kopf und sie fing an, die Welt zu entdecken. Verlag Gertraud Middelhauve, Köln 1972 | **S. 15** *links* Janosch: Post für den Tiger. Beltz und Gelberg, Weinheim 1980; *rechts* Anthony Browne: Stimmen in Park. Lappan Verlag GmbH, Oldenburg 1998 | **S. 16** *oben* Jörg Müller, Jörg Steiner: Aufstand der Tiere oder Die neuen Stadtmusikanten. Sauerländer, Aarau/Frankfurt am Main/Salzburg 1995; *unten* Jutta Bauer: Die Königin der Farben. Beltz und Gelberg, Weinheim und Basel 1999 | **S.** 18 Detleff Hoffmann und Jens Thiele: Künstler illustrieren Bilderbücher. Bibliothek- und Informationssystem der Universität Oldenburg 1986 | **S.** 19 Binette Schroeder: Der Froschkönig. Nord-Süd Verlag, Zürich, Hamburg und Salzburg 1989 | **S. 32** Carlo Collodi: Le avventure di Pinocchio. Storia di un burattino. Libreria Felice Paggi, Florenz 1883 | **S. 33** Carlo Collodi: Le avventure di Pinocchio. Storia di un burattino. Libreria Felice Paggi, Florenz 1891 | **S. I** *oben links* Carlo Collodi: Pinocchios Abenteuer. Mit Illustrationen von Roland Topor. Olivetti, Ivrea 1972; *oben rechts* Carlo Collodi: Pinocchios Abenteuer. Illustrationen von Roberto Innocenti. Sauerländer, Aarau 1988; *unten links* Carlo Collodi: Pinocchios Abenteuer. Mit Bildern von Sabine Friedrichson. Insel Verlag, Frankfurt am Main 1988. Abb. Mitte: © The Walt Disney Company 1939; *unten rechts* Carlo Collodi: Le avventure di Pinocchio. Illustration von Attilio Mussino | **S. II** Květa Pacovská: Alphabet. Ravensburger Buchverlag, Ravensburg 1996 | **S. III** Anthony Browne: Stimmen im Park. Lappan Verlag GmbH, Oldenburg 1998 | **S. IV** Jörg Müller, Jörg Steiner: Aufstand der Tiere oder Die neuen Stadtmusikanten. Sauerländer, Aarau/Frankfurt am Main/Salzburg 1995 | **S. V** Grégoire Solotareff: Du groß und ich klein. Moritz Verlag, Frankfurt am Main 1996 | **S. VI** und **VII** Mischa Damjan, Dušan Kállay: Dezember und seine Freunde. Otto Maier Verlag, Ravensburg 1986 | **S. VIII** Peter Sís: Madlenka. Carl Hanser Verlag, München 2000 | **S. 104** Janosch: Post für den Tiger. Beltz und Gelberg, Weinheim 1980 | **S. 105** Jutta Bauer: Die Königin der Farben. Beltz und Gelberg, Weinheim und Basel 1999 | **S. 106** Jörg Müller, Jörg Steiner: Aufstand der Tiere oder Die neuen Stadtmusikanten. Sauerländer, Aarau/Frankfurt am Main/ Salzburg 1995 | **S. 107** Originalbeitrag Jörg Müller. | **S. 109** Florence Parry Heide, Edward Gorey: Schorschi schrumpft. Diogenes Verlag, Zürich 1980 | **S. 110** Janosch: Post für den Tiger. Beltz und Gelberg, Weinheim 1980 | **S. 113** Peter Sís: Madlenka. Carl Hanser Verlag, München 2000.

Textquellen

S. 106 Heinz Rölleke: Kinder- und Hausmärchen, gesammelt durch die Brüder Grimm. Vollständige Ausgabe auf der Grundlage der dritten Auflage 1837. Darmstadt 1999 | **S. 111** Mischa Damjan, Dušan Kállay: Dezember und seine Freunde. Otto Maier Verlag, Ravensburg 1986 | **S. 112** *oben* Hans Magnus Enzensberger/ Christine Leins: Mond und Muschel. Aufbau-Verlag, Berlin 2000; *unten* Originalbeitrag Christine Kretschmer.